Geistige Strukturen

Rudolf Gerber

Rudolf Gerber, Bernkastel - Kues, 2001

Herstellung: Books on Demand GmbH, Norderstedt

ISBN 3-8311-2637-2

Zur Einführung

Reisen, Erleben, Spielen, Sensationen bestimmen, zumal durch Medien bedingt, den Alltag des modernen Menschen.

Hintergründige Fragen werden meist ausgeblendet, obschon diese zum eigentlich wahren Menschlichen herausfordern.

Sachkunde und Kulturfilme tragen mit dazu bei großen Wissensdurst zu stillen,führen aber auch zur Überflutung unterschiedlichster Themenbereiche, die kaum verarbeitet und verinnerlicht werden und zu einer abwechslungsreichen Unterhaltungssendung verflachen und dadurch nicht zum selbständigen Denken führen und gründliches Nachdenken,unbeirrbares Suchen und Forschen verkümmern lassen.

Daher sollen diese "geistige Strukturen"einen Anstoß geben zu dem was das "Urmenschliche" ausmacht das zur Evolution des Geistes führte. Angestoßen und herausgefordert wurden diese Überlegungen durch die Werke von Nicolai Hartmann,Wolfgang Stegmüller,Ludwig Wittgenstein, Immanuel Kant, sowie theologische Beiträge, und nicht zuletzt durch die Sendereihe Space night und alpha Centauri unter Leitung des Astrophysikers Professor Dr. Harald Lesch.

Geistige Strukturen

1. Das Erkennen der Dinge (Nicolai Hartmann, Leibniz der Metaphysiker, 1946)

Die scholastische Philosophie stellte bereits die Frage: Sind die Ideen (Wesenheit), das Wesen (Sosein) der Dinge vor, in oder nach den Realitäten vorhanden. Wenn das Wesen (Allgemeine) vor den Dingen besteht, gibt es eine ganze Welt neben der bestehenden als die Welt der Ideen und das Diesseitige ist nur ein Abbild der Ideen.
Liegt das Wesen der Dinge in den Gegebenheiten selbst, dann erhebt sich die Frage: Wie kommt diese Übereinstimmung zwischen dem Sein und Denken zustande?
Zudem besteht die nominalistische Auffassung: Das Allgemeine(Wesen) "ειδη" der Dinge besteht nur im Denken des Menschen und nicht in den Dingen selbst. Was zur Voraussetzung verführte, das Universale (Allgemeine) habe das absolute, ontische Prius vor dem Singulären (Individuellen). Hatte doch bereits Aristoteles gegen die Verselbständigung der höheren"genera" protestiert und nur der "species" (Arten) und nicht auf die Unterarten oder gar Individuen Wesensunterschiede der Form zugelassen. (α'τομοσ ειδοσ). Auf diese Weise wird die Individualität zu etwas Akzidentellem und Untergeordnetem.
Im Mittelalter setzt sich diese gedankliche Linie bis ins 13. Jahrhundert fort und hat den zweiten Höhepunkt in der Lehre des Thomas von Aquin von der materia signata. Auch die spätmittelalterliche Lehre meinte das principium individuationis läge in Raum und Zeit.
Übersehen wurde, dass die Materie mit Raum und Zeit den quantitativen Charakter, Teilbarkeit und Inhaltslosigkeit enthält, in der leiblichen Geformtheit, Proportionen, Charakter, um nur einige zu nennen, teilt.
Plotin(3. Jhd. n. Chr.) stellte schon die Frage:Gibt es nicht auch Formenwesenheiten der Einzeldinge?
Es war Duns Scotus im 13.Jhd., der den Thomisten entgegentrat mit der These: Principium individuationis ist nicht die Materie, sondern die Form. Denn alles Bestehende hat seine Seinsform, die das Sosein, das "Was" der Sache, ihre"quidditas"ausmacht. Die Differenzierung geht bis auf die Einzelfälle und wird zur "haecceitas" (Diesdaheit). Damit ist die Idee des Universalienrealismus richtig zuende geführt.
Daraus folgerte Wilhelm von Occam und wurde zum Bahnbrecher des Nominalismus: Die Universalien, denen man einst die alleinige primäre Realität zugeschrieben hatte,sind in Wahrheit sekundär, bestehen nur in Gedanken (in mente), sind also nachträglich abstrahiert und haben mit der wirklichen Seinsweise realer Dinge nichts zu tun. Diese sind uns direkt in der Wahrnehmung gegeben und an sie muss sich die Erkenntnis halten, während das Allgemeine erst durch Reflexion zustande kommt.

Wie aber kommt hierbei das Individuelle zu Rande? Darauf ist die Antwort sehr einfach: es hört auf ein Problem zu sein. Die Einzelfälle sind ja das primär Gegebene. Wie kommt es, dass in der Seinsbestimmung des Einzelfalles eine unübersehbare Menge von Momenten oder Zügen enthalten sind, die an zahllosen anderen Einzelfällen wiederkehren, also ihrerseits durchaus allgemein sind, das lässt sich auf nominalistischem Wege nicht erklären.
Ein weiteres ist zu beachten: im Substanzbegriff jener Zeit hat nicht das Moment der Beharrung die Zentralstellung, wie man nach dem Vorbild der Epigonen erwarten sollte (die ihn geschaffen haben), sondern das Moment der Selbständigkeit. In der Aseitas lebt dieses scholastische Ideal fort, wie ja auch immer Gott als Substanz verstanden wird.
Nach Spinoza konnte man Substanzen nur als ganz auf sich gestellte Wesen bezeichnen. Nachem Descartes die Zweisubstanzenlehre aufgestellt hatte, konnte man die Wahrnehmung nur als einen Prozess auffassen, der in der extensio begann und in der cognitio endete. Ursache und Wirkung mussten im Bereich verschiedener Substanzen liegen.
Das ist aber nach Geulincx(1624 - 1664)(Okasionalismus) nicht möglich, weil es nicht begreifbar ist. Danach kann Wahrnehmung nur durch ein Wunder vor sich gehen.
Der alte Gedanke des Menschen als “Mikrokosmos” schon in der Stoa, wurde von Cusanus wunderbar durchgeführt. Auch dieser Gedanke meint schon ein Vertretensein aller Dinge in jedem einzelnen. Nur war der Zusammenhang und die gegenseitige Einwirkung nicht aufgehoben.
Der Auffassung über die Substanz, dessen Bedingtheit nur in ihr selbst liegt, läßt zusammengesetzte, sekundäre Dinge nicht zu.
Wie kann in einer Welt, die durchgehend vom “zureichenden Grund” beherrscht ist, irgend ein Einzelwesen sich frei aus sich selbst heraus bestimmen?
Daraus folgt die Antwort Leibniz: Es ist die freie Selbstbestimmung des Menschen. Kant z.B.hat diesen Gedanken verfehlt, indem er die Freiheit zu einem transzendentalen Prinzip der praktischen Vernunft, aber als eine identische in allen Menschen verstand. Die Erkenntnis a priori verstand die Scholastik als sein Verhältnis zum intellectus divinus.Entweder in der Form der Erleuchtung (illuminatio) des menschlichen Verstandes durch den göttlichen oder der Einstrahlung (irradiatio) Gottes in den Verstand. Denn in Gott sind Denken und Hervorbringen (creatio) eines, im Menschen ist das unvollkommene Denken immerhin noch ein Nachschaffen. Wenn es die ewigen Ideen sind, die der menschliche Intellekt mit dem göttlichen teilt, kann der philosophische Denker, der dieses Ideenverhältnis begriffen hat, nicht allzuweit von der Erfüllung seiner Sehnsucht entfernt sein.

Damit stößt man unvermeidlich auf die andere Seite des Systems, die universalistische, auf das Zugrundeliegen der allgemeinen Idee.
Geschichtlich lässt sich diese Linie bis auf Platon zurückverfolgen. In der Spätantike haben die Neuplatoniker Plotin u. Proklos diesen Gedanken weitergeführt; Proklos hat ihn sogar für die Systematik des mathematischen Denkens in Anspruch genommen.
Im Mittelalter erwuchs darin in Raymundus Lullus, der in 13. und 14.Jhd. sich neben Thomas von Aquin und den beginnenden Nominalisten behauptete.
Soll nun dieses Verfahren einen ontologischen Sinn haben, so ist seine Voraussetzung die,dass die Universalien selbst Seinselemente sind und nicht nur extra mentem,sondern auch ante res,als deren erste Bausteine bestehen.
Das bedeutet, dass alle Individualität sich aus ihnen aufbauen muss.
Und gerade hier kommt es zur Identität der einfachen Ideen (oder auch der "ewigen Wahrheiten") des intellectus humanus und des intellectus divinus.
In Wahrheit entsprechen logisches und ontologisches prius einander keineswegs:Das Allgemeine ist ontisch überhaupt unselbständig, es kommt nur in den Realfällen vor und besteht nur "in" ihnen - nämlich als"ihr" Gemeinsames.
Auch das Individuelle besteht nicht rein als solches für sich, nicht wenigstens ohne sehr vieles Allgemeine an sich zu haben. Und das wiederum gleichgültig dagegen,ob es ein Substantielles und Ursprüngliche ist oder ein Sekundäres und vielfach Bedingtes.
Darin kann nicht mehr gefolgert werden, dass zur Individualität Substantialität erforderlich sei. Auch das Sekundäre und Ephemere kann ebenso einmalig und einzig sein wie das Primäre und Bleibende.

2. Wissenschaftliche Grundstrukturen (Ludwig Wittgenstein, Tractatus logico-philosophicus,1980[15])

Vorwort
Ohne auf den hoch eingeschätzten wissenschaftlichen Stellenwert des Tractatus logico-philosophicus von Ludwig Wittgenstein im einzelnen einzugehen, sollen wissenschaftliche Grundstrukturen überdacht werden im Vergleich zu Darlegungen von Wolfgang Stegmüller "Neue Wege der Wissenschaftsphilosophie" 1980 Seite 175ff.,die auf T.S. Kuhn (Paradigmata), Karl Popper (Falisfikation) und W. V. Quine (Unbestimmtheit von Theorien) hinweisen.
Vor allem soll ein Auszug der Abhandlungen von L.Wittgenstein bearbeitet werden.

2.1. Strukturen der Logik

Ludwig Wittgenstein schreibt in seinem Traktat 6.13: Die Logik ist keine Lehre, sondern ein Spiegelbild der Welt. Die Logik ist transzendental. In 5.4541 sagt er: Die Menschen haben immer geahnt, dass es ein Gebiet von Fragen geben müsse, deren Antworten - a prioi - symetrisch, und einem abgeschlossenen, regelmäßigen Gebilde vereint zugrunde liegen.
5.47 Die eine logische Konstante ist das, was alle Sätze, ihrer Natur nach miteinander gemeinsam haben. Das aber ist die allgemeine Satzform.
5.552 Die "Erfahrung", die wir zum Verstehen der Logik brauchen, ist nicht die, dass sich etwas soundso verhält, sondern, dass etwas ist: aber das ist eben keine Erfahrung. Die Logik ist vor jeder Erfahrung - dass etwas so ist. Sie ist vor dem Wie, nicht vor dem Was.
5.5.521 Wenn dies nicht so wäre, wie könnten wir die Logik anwenden?
Man könnte sagen: Wenn es eine Logik gäbe, auch wenn es keine Welt gäbe, wie könnte es dann eine Logik geben, da es eine Welt gibt.
5.6 Die Grenzen meiner Sprache bedeuten die Grenzen meiner Welt.
5.62 Was wir nicht denken können, das können wir nicht denken; wir können also auch nicht sagen, was wir nicht denken können.
5.641 Das Ich tritt in die Philosophie dadurch ein, dass die "Welt meine Welt ist". Die Erforschung der Logik bedeutet die Erforschung aller Gesetzmäßigkeit und außerhalb der Logik ist alles Zufall.
Die Logik verkörpert die Richtigkeit des Denkens nicht die Wahrheit des Erkennens.

2.2. Strukturen der Mathematik

6.ff. Die Zahl ist der Exponent einer Operation.
Der Zahlenbegriff ist nichts anderes als das Gemeinsame aller Zahlen, die allgemeine Form der Zahl. Der Zahl(en)begriff ist die variable Zahl. Und der Begriff der Zahlengleichheit ist die allgemeine Form aller speziellen Zahlengleichheiten.
Die allgemeine Form der ganzen Zahl ist. [0,n,n+1] (wobei n die einzelnen Zahlen sind). Die Logik der Welt, die die Sätze der Logik in den Tautologien zeigen, erweist die Mathematik in den Gleichungen.
Wenn zwei Ausdrücke durch das Gleichheitszeichen verbunden werden, so heißt das, sie sind durcheinander ersetzbar. Die Mathematik ist eine Methode der Logik. Das Wesentlichste der Mathematischen Methode ist es, mit Gleichungen zu arbeiten. Die Methode der Mathematik, zu ihren Gleichungen zu kommen, ist die Substitutionsmethode. (auch die Mengenlehre)
Das Gesetz der Induktion kann jedenfalls kein logisches Gesetz sein und darum kann es auch kein Gesetz a priori sein. Das Kausalitätsgesetz ist kein Gesetz, sondern die Form eines Gesetzes. Alle Sätze, wie der Satz vom Grund, von der Kontinuität der Natur u.a. sind Einsichten a priori.

2.3. Strukturen des Mystischen

6.41ff. Der Sinn der Welt muss außerhalb ihrer liegen. In der Welt ist alles wie es ist und geschieht alles wie es geschieht,es gibt in ihr keinen Wert Wenn es einen Wert gibt, der Wert hat, so muss er außerhalb alles Geschehens (Dasein) und Soseins liegen.
Denn alles Geschehen ist So - Sein ist zufällig (und nicht notwendig). Was es nicht-zufällig macht, kann nicht in der Welt liegen; denn sonst wäre dies wieder zufällig. Es muss außerhalb der Welt liegen.
Darum kann es auch keine Sätze der Ethik geben. Sätze können nichts höheres ausdrücken. Es ist klar, dass sich die Ethik nicht aussprechen lässt (in logischen Sätzen). Die Ethik ist transzendental. Es gibt allerdings Unaussprechliches. Dies zeigt sich es ist das Mystische

2.4. Kritische Anmerkung zu Ludwig Wittgenstein:

Ludwig Wittgenstein reiht das Mystische in die Abhandlung über wissenschaftliche Grundstrukturen ein, obschon das nicht zutreffend ist, denn dann könnte auch das Ethische (Sittliche), wie auch das Axiologische (Wertende) den gleichen Anspruch erheben. Aus diesem Grunde muss zuerst eine Kategorialanalyse vorgenommen werden.

2.5. Kategorialanalyse des Logischen

Die Sprache artikuliert sich in den Wörtern und Sätzen, die das "Wie" des Seienden wiederspiegeln. Dieses "Wie" muss richtig sein, sonst haben die Aussagen kein Gewicht, sind nicht zutreffend und falsch. Jede Sprache hat das gleiche Recht auf richtige Darlegung.
Die interessante Frage: Seit wann existieren die Sprachen(Zeichen, Bilder, Signale) kann zwar aus der Geschichte, mithin aposteriorisch gefunden werden, ist aber für das "Wie" der Sprache nicht relevant, wenn auch jede Verständigung durch Sprache geschieht.

Die Kategorie des Logischen muss aber vorausgesetzt werden, sonst könnte keine Verständigung zustande kommen.
Diese Kategorie ist dem Bewusstsein apriorisch gegeben, ist also nicht aus dem Gegebenen (Realen) ableitbar.

Um das unklare Wort "Abbild"auszuschalten ist es angebracht das "Wie" mit einer Funktion zu bezeichnen, als transzendental, weil es nicht aus den Seinskategorien (Dasein und Sosein) ableitbar ist, obschon es sich auf das Reale bezieht.
Diese Funktion ist in einem Satzsystem verbunden als das Logische.

2.6. Kategorialanalyse des Ethischen

Inwieweit ist das Ethische transzendental und apriorisch? obschon jede Ethik in der Geschichte durch die Moral ihren Einfluss und ihre Wirkung hat.
Wäre das Ethische eine Daseinskategorie, dann wäre sie durch Kausalität bestimmt und hätte keinen Anspruch auf Sittlichkeit oder ein Sittlichkeitsgesetz. Für den Menschen gäbe es keine freie Willensentscheidung und er wäre für sein Handeln nicht verantwortlich.Die Welt wäre determiniert und alles was geschieht vorausbestimmt.
Erst durch die Bewusstseinskategorie der Finalität, kann die freiwillige Entscheidung des Menschen erfolgen und er für sein Tun verantwortlich gemacht werden.
Daraus folgt: Das Sittliche ist transzendental und apriorisch gegeben. Auch eine Welt die final determiniert wäre würde jede Verantwortung des sittlichen Menschen vorausbestimmen und ihn als nicht zurechnungsfähig erklären.
Die Kategorie des Ethischen ist eine Sollensforderung, die zwar in Raum und Zeit vollzogen werden soll, aber auch verweigert werden kann. Das Bewusstsein kann die Sollensforderung erheben und damit für oder gegen das Sittliche sich entscheiden. Diese Sollensforderung ist die Funktion des Sittlichen (Sittengesetzes),ähnlich wie das Richtige die Funktion des Sprachsystems ist.

2.7. Kategorialanalyse des Mystischen (Religiösen)

Wie alles geistige Sein findet auch das Religiöse seinen Anfang in der Geschichte, doch es unterscheidet sich grundlegend von allem anderen durch den Bezug auf das Mystische, Unbegreifliche, auf Gott.
Gewiss wird ebenso wie im Sittlichen eine Sollensforderung an die Person gestellt. Diese Sollensinhalte(Gesetze) sind in der Geschichte aufgestellt worden, doch sie berühren damit nur das reale Sein, sind aber zugleich von der Realität unabhängig und damit transzendent. Daraus erhebt sich die Frage: Was sind die Kategorien des Religiösen(Mystischen)?
Fest steht der Bezugspunkt des religiösen Bewusstseins (Denkens) ist das Unbegreifliche. Apriorisch, da es nicht aus den Seinskategorien abgeleitet werden kann und transzendental, weil es jenseits des Seienden liegt, selbst das Denken übersteigt.
Die Funktion des Religiösen ist das Glauben. Der Zugang zum Unbegreiflichen findet im Gebet (Meditation) statt.
Zugang zum Mystischen:
Zum Mystischen gelangt man nicht durch das Hinterfragen (Philosophieren), sondern durch das meditierende Gebet.

3. Versuch einer Begründung der Erkenntnis, Ethik und Ästhetik

Vorwort

Bei der Bearbeitung ist zu beachten, dass nicht das breite Feld der gesamten Forschung in seiner geschichtlichen Entwicklung, noch das umfangreiche Wissen der Experten dargestellt werden soll,sondern persönliche und existenzielle Grundfragen versuchen eine entsprechende Antwort zu finden. Dabei wird nicht auf den Absolutheitsanspruch oder die Apriorizität von Sprache eingegangen,noch die Möglichkeit des Paradigmenwechsels infrage gestellt,wobei Paradigma als eine"Entität" verstanden werden soll, die aus einer theoretischen und empirischen Komponente besteht.

Die Ausarbeitung stützt sich hauptsächlich auf:"Neue Wege der Wissenschaftsphilosophie" Wolfgang Stegmüller,1980; "Der sogenannte Zirkel des Verstehens" Wolfgang Stegmüller,1974; "Der Paradigmenwechsel in der Sprachphilosophie" Edmund Braun,1996;"Wertobjektivität und Realitätserfahrung"Ricardo B.Maliandi,1966;"Einführung in die Philosophie" Nicolai Hartmann,1949;"Ästhetik" Nicolai Hartmann,1966₂.

3.1. Gewährleistung der Erkenntnis

Bei der "struktualistischen Theorie"von W.Stegmüller bedeutet die "theoretische" Komponente den Basiskern K_b, während die "empirische"Komponente mit der Menge I_0 der paradigmatischen Beispiele identisch ist. Wie kann eine "physikalische" Theorie, deren "mathematischen" Struktur durch ein "mengentheoretisches" Prädikat charakterisiert worden war in eine "wirklich empirische Theorie" überführt werden?

Das ist wissenschaftstheoretisch durch eine mengentheoretische Methode zu gewinnen,nicht aber durch eine"metamathematische"ein Konstrukt (nach Rudolf Carnap), die zwar für "Rationalität" durch Korrektheit der logischen Argumentation ausreicht, aber nicht für die empirische Theorie.

Während M die Menge aller möglichen"Modelle"einer Theorie ist, kommt es darauf an,außerdem die Menge I der wirklich intendierten Anwendung dieser Theorie anzugeben.Damit unterscheidet sich dieseTheorie grundsätzlich von der herkömmlichen empirischen Auffassung, die nichtbeobachtbaren mit den beobachteten Ereignissen (wie beim Chi²-Test) zu analysieren bzw. zu identifizieren.Bei E.W.Adams und später bei J.D.Sneed wird I als eine "platonische Entität" behandelt, die Theoriendynamik I als eine pragmatische, jedoch prinzipiell offene Menge zu rekonstruieren, die mit dem Fortschreiten derTheorie variiert. (Seite 6)Dagegen spricht folgendes:

a) Das"formalsprachliche"Vorgehen verführt dazu einen Gegenstandsbereich festzulegen. Tatsächlich hat eine "physikalische Theorie"nicht eine, sondern zahllose verschiedene Anwendungen.

b) Es stellt sich heraus, dass jeder Versuch, eine "empirische Theorie" rein logisch darzustellen, immer Raum lässt für völlig "absurde" Modelle. Jeder Zugang zum wissenschaftlich Empirischen kann nur gelingen, wenn zwar vom Formalsprachlichen aus vorgegangen wird,d.h. dass die "empirische" Komponente mit der "theoretischen" Komponente zu verbinden ist.

3.1.1. Verdrängung einer Theorie

Nach Auffassung der Empiristen und Popperanhänger müsste eine alte Theorie zunächst an der Erfahrung scheitern,um einer neuen Theorie zu weichen.

Nach Thomas S. Kuhn aber wird die Theorie ohne solches "Scheitern" durch eine neue Theorie "verdrängt".

Das geschieht aber nicht erkenntnistheoretisch noch wertend oder sonstwie, sondern durch eine neue Theorie.

Ein "erklärendes Modell" der Theoriedynamik gibt es nicht, weder für die Entstehung noch den Ablauf "wissenschaftlicher Theorien", denn das ist eine "philosophische Utopie".

Das soll veranschaulicht werden am "Erklärungsmodell" für das Wasserstoffatom, wohl als eindruckvollstes Beispiel,aber wir werden niemals etwas analoges für den Menschen(wie seine Geschichte)verfügen.Dazu müssten wir nämlich neben geeigneten "Gesetzmäßigkeiten" vor allem ein "adäquates Modell" für die "funktionelle" menschliche Organisation finden.

Diese Organisation, die zur Entwicklung ihrer spezifischen Eigentümlichkeiten mehrere Millionen Jahre benötigte (Evolution),müsste uns zur Verfügung stehen, um erklärende Modelle für die menschliche Emotionen und kognitiven Funktionen zu liefern.

Angenommen diese partielle Selbstopakheit sei überwunden, dann wären es keine Menschen mehr.

Wesen, die für alles "Bedeutsame in ihrem Leben" eine korrekte Theorie haben - Liebe, Abneigung, Krieg, Freundschaft,soziale und kulturelle Erscheinungen u.a. - könnten all das nicht mehr erleben und so wie wir es vollziehen. Der Mensch hätte sich in eine neue Spezies transformiert.

3.1.2. Paradigmenwechsel in der Sprachphilosophie

Nur ein schmaler Bereich der geschichtlichen Entwicklung der Sprachphilosophie soll herausgegriffen werden, angefangen von Platon und Aristoteles, übergangen werden alle"Teleologien" mit ihren Systemen bis hin zum "sogenannten Zirkel des Verstehens". Letztere setzt voraus: "termini sine theoria nihil valent". Mit "Paradigmenwechsel in der Sprachphilosophie" ist der Übergang von "klassischer Sprachauffassung" zur linguistisch-pragmatischen Sprachdeutung" gekennzeichnet.

Die Reduktion der Sprache auf die bloße Bezeichnungsfunktion läßt sich bei Platon nachweisen.Denken wird verstanden als Dialog der Seele mit sich selbst, die ihrerseits einsam und prinzipiell ohne Verständingung Zugang zur Wahrheit hat.
Hat bei Platon die Intersubjektivität der Sinnstiftung und Sinngeltung sprachlicher Verlautbarung im Logos der Idee ihren letzten Grund, so übernahmen bei Aristoteles die vorsprachlichen, für alle "innerseelischen Eindrücke"als Entsprechung der Wirklichkeit die Intersubjektivitätsgarantie der Sinnerschließung und Sinngeltung.
Die Vernunftleistung der Erkenntnis erfolgt somit durch die sachbezogene Intentionalität des Logos,dessen letzte Elemente die von Sprache unabhängigen, für jeden identische innerseelischen Eindrücken darstellen, die ihrerseits in Verknüpfung mit einer willkürlichen Symbolisierung in der Aussage als die Sachverhalte repräsentierenden Namen(Subjekte) fungieren, denen ein "Prädikat" zu- oder abgesprochen wird - Aber auch andere Formulierungen über Sprache lassen sich nachweisen. -
Der"sogenannten Zirkel des Verstehens"in der Historie oder der "hermeneutische"Zirkel versucht anstelle von objektiven Kriterien(wie in den Naturwis senschaften) in letzter Instanz die subjektive Meinung des Interpreten entscheiden zu lassen. In den Naturwissenschaften nämlich, so ließe sich argumentieren,könne ein analoges Dilemma nicht auftreten.Darin bestehe die "Objektivität" der naturwissenschaftlichen Erkenntnis: Der Naturwissenschaftler würde sich in einem ähnlich gelagerten Fall ein "experimentum crucis" ausdenken, deren Ausgang eine Falsifikation der einen und damit eine eindeutige Entscheidung zugunsten der anderen Hypothese erzwingen würde. Aber nicht in allen Naturwissenschaften lassen sich Entscheidungen zwischen miteinander konkurrierenden Alternativhypothesen durch Experimente erzwingen. Astronomie kann niemals zu einer experimentellen Wissenschaft gezwungen werden.
Auszug aus "der sogenannte Zirkel des Verstehens" Seite (39 ff.):
"Wie auch vielen Nichtastronomen bekannt ist haben sich in dieser Disziplin in den letzten zwölf Jahren aufregendere Dinge ereignet als in den ganzen 150 Jahren vorher. Eine der sensationellsten Entdeckungen bildeten die"Quasare".Eine kurze Vorbemerkung möge die Bedeutung dieser Entdeckung erläutern: Wenn man sich vorstellt, dass unsere Sonne aus unserem Planetensystem entfernt und in die Lage eines der nächsten Fixsterne versetzt würde, so wäre die auf der Erde eintreffende Radiostrahlung in einer Größe von etwa hundert Milliarden schwächer als heute und daher ganz unmöglich nachzuweisen. Es bildete somit eine Sensation in der Fachwelt,als man im Jahre 1963 innerhalb einer kurzen Zeitspanne 5 winzige Sterne,nämlich solche der 13.Sterngröße, entdeckte, die sich mit bereits bekannten Radioquellen identifizieren ließen.

Man prägte für sie die Bezeichnung "Quasare", was eine Abkürzung ist für "Quasistellare Radioquellen".
Sie bildeten außer durch ihre *intensive Radiostrahlung* für die Forscher zunächst aus einem zweiten Grund ein Rätsel:Das Licht war stark genug um es in der üblichen Weise in seine Sprektralfarben zu zerlegen.
Bekanntlich hat jedes chemische Element seine charakteristischen Linien die an einer ganz bestimmten Stelle des Spektrums liegen. Die Quasarspektren waren jedoch nicht auf diese Weise interpretierbar.Zwar hatte man Anhaltspunkte dafür,dass diese leuchtenden Objekte von Gas umgeben waren; doch schien dieses vollkommen unbekannt zu sein.
Erst mehrere Jahre später stellte sich heraus, dass es sich bei dem Gas um nichts anderes als um das häufigste Element im Universum handelt um Wasserstoff. Dass man die Wasserstofflinien vorher nicht erkannt hatte, dafür gab es einen sehr einfachen Grund: Diese Linien befanden sich nicht dort, wo man sie hätte erwarten sollen, sondern waren ganz weit in den roten Teil des Spektrums verschoben. Diese außerordentlich starke Rotverschiebung bereitete den Astronomen großes Kopfzerbrechen...so ließ im vorliegenden Fall das verfügbare physikalische Hintergrundwissen - oder, wie wir auch sagen können: die physikalische Oberhypothese - nur zwei mögliche Deutungen zu. Auf eine knappe Formel gebracht, besagt diese Oberhypothese: Rotverschiebungen können nur auf zwei Weisen zustandekommen. Die beiden Alternativen sollen...kurz betrachtet werden:1. Alternative: Es könnte der Fall sein, dass das Licht von diesen Quellen gegen ein sehr starkes Schwerefeld anlaufen muss und dadurch Energie verliert;rotes Licht aber ist energieärmer als blaues Die Auswertung dieser ersten Deutungsmöglichkeit stützt sich auf eine Hypothese, die im Jahre 1967 tatsächlich verifiziert worden ist: die Hypothese von der Existenz sogenannter Neutronensterne. Die erste Alternativhypothese bestand daher in der Annahme dass ein Quasar ein Neutro nenstern sei.(lokale Gravitationshypothese). Der"Kampf des Lichtes gegen ein Schwerefeld", den man für die starke Rotverschiebung verantwortlich zu machen hätte,läge hier tatsächlich vor.Denn diese Sterne haben eine gewaltige Dichte:ein cm^3 besitzt eine Dichte in der Größenordnung von einer Milliarde Tonnen. Es ergaben sich aber sofort erhebliche Bedenken.Zwei entscheidende Schwierigkeiten seien angeführt: Neutronensterne haben einen Durchmesse von ca.10 Km.Da man die Quasare als Sterne 13. Sterngröße sieht, könnten sie höchstens 0,3 Lichtjahre von uns entfernt sein, sofern es sich bei ihnen um Neutronensterne handelte.Sie würden sich also praktisch noch innerhalb unseres Planetensystems befinden und die Planetenbahnen in solchem Maße stören, dass man diese Störungen nicht erst mit heutigen Präzisionsinstrumenten

feststellen könnte, sondern dass sie bereits Kepler im 17. Jahrhundert hätten auffallen müssen.
Zweitens bleibt die Lage der Quasare am Himmel während des ganzen Erdumlaufs um die Sonne völlig unverändert. Daraus kann man schließen, dass sie mindestens 6000 Lichtjahre von uns entfernt sein müssen.
2. Alternative: Die noch übrig bleibende andere Möglichkeit besagt, dass die Rotverschiebung der von den Quasaren stammenden Wasserstofflinien im Spektrum auf den sogenannten *Doppler-Effekt* zurückzuführen sei. Danach hätten die Quasare relativ zur Erde eine außerordentliche hohe Fluchtgeschwindigkeit,die in gewissen Fällen bis nahe an die Lichtgeschwindigkeit heranreicht.
Nun kann man aber aus dieser Fluchtgeschwindigkeit zusammen mit der relativen Ortskonstanz der Quasare am Himmel während des Erdum laufes um die Sonne schließen, dass bereits der uns nächste Quasar mindestens zwei Milliarden Lichtjahre entfernt sein muss.(kosmologische Hypothese)
Das physikalischastronomische Hintergrundwissen zwingt uns also dazu die Alternative aufzustellen: Entweder sind Quasare höchstens 0,3 Lichtjahre entfernt oder sie sind mindestens 2 Milliarden Lichtjahre entfernt.
Was bei der zweiten Alternative ein großes Problem bildet, ist die *Helligkeit* der Quasare bei diesen ungeheueren Entfernungen. Diese lässt sich nur damit erklären, dass die Quasare eine ungeheure Masse besitzen.
So taucht zunächst die Vermutung auf, es könne sich hierbei vielleicht um"Super-Galaxien"handeln, die eine vielfache, vielleicht sogar hundert- bis mehrhundertfache Größe einer mittleren Galaxie wie unsere Milchstraße haben. Dieser Gedanke würde auch mit dem Gesetz von der allseitigen Ausdehnung des Weltalls in Einklang stehen, wonach sich eine Galaxie von der Erde um so schneller entfernt, je weiter weg sie ist. Leider brach auch diese Vermutung bald in sich zusammen.
Unabhängig voneinander kamen amerikanische und russische Astronomen zunächst durch eine Analyse der Helligkeit auf überlieferten Sterntafeln zu dem Ergebnis, dass sich zwischen den Jahren 1896 und 1963 die Helligkeit des Quasars 3 C 273 um 0,7 Sterngrößen verändert hat. Spätere Untersuchungen ergaben sogar Helligkeitsschwankungen von wenigen Tagen. Würde es sich um eine Milchstraße oder sogar um eine Super-Galaxie handeln, so würde das Licht zur Durchmessung des Quasars mindestens hunderttausend Jahre oder mehrere hunderttausend Jahre benötigen,so dass Helligkeitsschwankungen nur innerhalb solcher ungeheurer Zeiträume zu beobachten wären. Man schien daher gezwungen zu sein, den Schluss zu akzeptieren, dass es sich bei den Quasaren um Weltkörper von höchstens einigen Lichttagen Durchmesser handeln könne." W.Stegmüller folgert daraus:

Doch zum Interpretationsverfahren zurückzukehren steht fest, dass der hermneutische Zirkel für die historische Wissenschaft keine logische Katastrophe ist. Daher haben historische Wissenschaften dieselbe Überlebenschance wie die Gesetzeswissenschaften, doch die "Geisteswissenschaften" müssen "ontologisch" verankert sein, wie es M.Heidegger und (Hartmann) berücksichtigten: Der Mensch als vorurteilsvolles und wiederholendes Wesen kann nur das an Verständnis haben, was im Akt des Vorverständnisses zuvor schon in ihn hineingelegt worden ist.

3.1.3. Transzendentalpragmatik der Sprache

In der Transzendentalpragmatik der Sprache von K.O.Apel1990, werden vier universale Geltungsansprüche unterschieden:
1Der fundierte Anspruch auf *Verständlichkeit*,
2Der außerweltorientierte und die Adaequatio zwischen propositionalem Inhalt und Außenwelt beanspruchende *Wahrheitsanspruch*,
3Der auf die KoSubjekte bezogene und die Übereinstimmung der Sprach Handlung mit den konventionellen resp. universalen Normen beanspruchende *Richtigkeitsanspruch*,der zur Legitimierung der durch die Sprach Handlung hergestellten oder angeboten, jedenfalls regulierten und somit normierten Beziehung zum Ko-Subjekt verpflichtet und schließlich,
4Der auf die Innenwelt bezogene und die Übereinstimmung zwischen dem expressiven Ausdruck und der psychischen Innenwelt des Redesubjekts beanspruchende *Wahrhaftigkeitsanspruch*, der zur Authentizität jeden Ausdrucks verpflichtet".
Dergestalt wird Sprache als unhintergehbares, kommunikatives, dialogisches Universum intersubjektiven Sinns und als kommunikatives diskursives Universum intersubjektiver Geltung rekonstruiert.
Die pragmatische Wende erlangt ihre *sinnvolle und aussichtsreichste Ausprägung*,insofern in ihr allererst die Möglichkeit der für die Verständigung und Selbstverständigung konstitutiven *reflexiven Sprachkritik* begründet werden kann und damit auch die Möglichkeit der *Realisierung der Beurteilungskompetenz* hinsichtlich des reflexiven Gebrauchs der jeweils in Anspruch genommenen konventionellen Spache verstanden werden kann.

3.2. Wertobjektivität und Realitätserfahrung

Fragestellung

Der Wertobjektivismus behauptet, es gäbe Werte, die vom Subjekt "vorgefunden","entdeckt"oder "erfasst" werden. Der Wertsubjektivismus führt dagegen den ganzen Sinn der Werte auf die Wertung zurück, bzw. hält das Wertsubjekt für einen Werterzeuger, der Werte"erfindet"oder seine eigenen Gefühlsausdrücke für "Werte" hält.

Der "gesunde" Menschenverstand lehnt freilich die beiden Extreme ab und begreift, dass hier ein schwieriges Problem vorliegt, dessen Bearbeitung keine voreilige Lösung zulässt.

3.2.1. Axiologische Evidenz

Die Frage nach der Wertobjektivität hat dann einen vernünftigen Sinn, wenn damit die *Vertrauenswürdigkeit* der Wertung gemeint wird.
Dabei geht es um eine "axiologische Evidenz", d.h. man versucht ein Kriterium zu erreichen, wonach man wissen kann, wann die "Wertung" eine "Werterfahrung" bzw. eine "Werterkenntnis" einschließt.
Darin wird aber nicht jede Beziehung mit dem wertenden Subjekt ausgeschlossen. Nur die Abhängigkeit der Werte vom subjektiven Belieben wird hiermit verneint. Setzt man dagegen die Willkürlichkeit aller Wertung voraus,so ist man bereits innerhalb extremem Subjektivismus. Wenn man also eine "axiologische Evidenz" sucht, muss man schon voraussetzen, dass dem Axiologischen irgendein Sinn, irgendeine begreifbare und analysierbare Struktur zugrundeliegt.

3.2.2. Wertauffassungen

Die Wertphänomenologie tritt vor allem als ein Anspruch auf, "Wertobjektivität" zu sichern, d.h. eine "axiologische Evidenz" zu finden.
Die Brentanosche Lehre der "Intentionalität" und der Möglichkeit eines "richtigen"Wertens undVollziehens ist der Ausgangspunkt einer Entwicklung der phänomenologischen Betrachtungsweise der Werte,die schließlich in den "Wertplatonismus" (Werte als ideales Sein N. Hartmanns) mündet.
Die grundlegenden Untersuchungen Edmund Husserls sind aber die einzigen, die in einer *rein* phänomenologischen Ebene bleiben. Das Problem der Transzendenz der Wertrealität wird hierbei ausgeschaltet und die Evidenz im Wertgebiet steht in Verbindung mit einer Parallelsetzung von Axiologie und formaler Logik. Zugleich gibt es schon bei Husserl die Forderung einer materialemotionalen Wertapriorität, die bei Max Scheler in den Vordergrund tritt. Die"materiale Wertethik"Schelers entfaltet nämlich diesen Begriff in einer Kritik am sogenannten"Formalismus"der Kantischen Ethik. Die Werte werden dann als reine "Qualitäten" aufgefasst, deren Objektivität in ihrer Unabhängigkeit von Wertträgern (Gütern), Zwekken,wertenden Subjekten usw.besteht und sich in der Eigenart der emotionellen "Wertschauung" begründen lässt.
Gegen Hussel aber verlangt Scheler die Trennung der Wertphänomenologie von der Logik. Die Schelersche Auffassung der Phänomenologie zeigt außerdem eine realistische Tendenz, die sich in der Kritik an der Husserlschen "Einklammerung" und in der Lehre der Realitätserfahrung als "Widerstandserlebnisses" ausdrückt.

Nicolai Hartmann geht darüber hinaus zu einer Ontologie der Werte, die sich als eine Art "Wertplatonismus" entfaltet: Die Werte sind hier *"ideal"* und ihre Objektivität ist eine *"ideale ansichseiende Übergegenständlichkeit"*, d.h. die Werte sind ideale Gegenstände, die ein "Ansichsein" besitzen und insofern gleichgültig gegen ihr "Gegenstandsein" (Objektion durch ein Subjekt) bestehen.
Diese Wertobjektivität versucht N.Hartmann zu begründen durch den Erweis der "Evidenz" der Werterkenntnis.
Die allgemeinen "Erkenntnisaporien"werden dann in diesem Bereich behandelt: Die "Aporie des Bewusstseins" wird durch die Bezeichnung der Wertschau als einer "durchstoßenden Intuition" *"unzulänglich gelöst"*, denn die Möglichkeit der Täuschung bleibt bestehen.
Bei der "Aporie des Wahrheitskriteriums" die für die Erkenntnissicherung ein doppelte Erkenntnisinstanz verlangt, ersetzt N.Hartmann das Fehlen der "konspektiven Intuition" in der Werterkenntnis durch das Rückgreifen auf die Realität des Wertbewusstsein.
Die Möglichkeit der Täuschung ist aber nach N.Hartmann kein Beweis gegen, sondern ein Beweis für die Wertobjektivität. Die Phänomene der "Werttäuschung"und der "Wertblindheit" zeigen nur die eigenen Grenzen der Werterkenntnis, sowohl im Individuum als auch in der Menschheit. Außerdem gibt es im Wertbewusstsein manche Phänomene,die nach N. Hartmann die Wertobjektivität beweisen.

3.2.3. Realitätserfahrung der Werte
Diese Entwicklung der Auffassung der "Wertobjektivität" in der Wertphänomenologie hat nun ihre schwache Seite in der Trennung von Wert und Realität.
Bei Hussel bleibt (zumindest bezüglich der axiologischen Evidenz) die Problematik einer *transzendenten* Realität außer Frage.Die "realistische" Einstellung Schelers bringt die Bejahung einer transzendenten Realität, die als "Widerstand" *vorgegeben* ist.
Obwohl hier zugleich auch eine "Vorgegebenheit" der Werte behauptet wird, hebt sich die Trennung"Wert-Realität"mit besonderer Betonung ab. Er glaubt jedenfalls, die Wertobjektivität sei nur durch die Absonderung der Werte als ideale Qualitäten zu sichern.
Hartmann behauptet hingegen ein "Ansichsein"des Realen und versucht es durch Hinweis auf die Eigenart der Realitätserfahrung zu beweisen. Dazu entwickelt er seine Lehre der "emotional - transzendenten Akte", welche als Zeugnis einer vom Bewusstsein unabhängigen Realität fungieren. Dieser "emotionale"Charakter der Realitätserfahrung, die sich im Phänomen des "Betroffenseins" von der Härte des Realen zusammenfassen lässt, hat aber nach N.Hartmann mit Werterfahrung nichts zu tun.

Dieses bezieht sich auf "ideales", nicht auf "reales" Ansichsein. Einerseits wird der "Wertplatonismus" begrenzt von der Behauptung, es gebe keine "Isolierung" des Idealen vom Gefüge des Realen. Andererseits zeigt die *besondere* Idealweise der Werte ein gewisses"Schweben" über dem Realen: Der Seinscharakter der Realität ist unabhängig von den Werten. Obwohl die "Wertbetontheit" des Realen anerkannt wird, ist auch hier die Absonderung der Werte vorausgesetzt. Bezüglich der Realität seien die Werte "Forderungen", nicht "Bestimmungen".

3.2.4. Axiologische Antworten

3.2.4.1. Axiologische Negation

Diese besteht in einer emotionalen Ablehnung oder Leugnung der als axiologisch negativ sich gebenden Realität, wodurch die Erfahrung der positiven Werte möglich wird. d.h.Die"Werterfahrung"setzt eine "Unwerterfahrung" voraus.

Der Begriff der axiologischen Negation ist sowohl von "relativistischen" als auch von "absolutistischen" Wertlehren gebraucht worden; entspricht einfach einem aufweisbaren Phänomen,das nicht zu übersehen, sondern zunächst einmal zu beschreiben und dann zu interpretieren ist.

Im Anschluss an die existentialistische Wertauffassung J.Paul Sartres hat Raymond Polin einen"Wertrealismus"entwickelt, bei dem die "axiologische Negation" eine entscheidende Rolle spielte: Sie begründet die "Transzendenz" der Werte im Gegensatz zur "Immanenz"der Erkenntnis. Diese "Transzendenz" erscheint aber als eine menschliche *Erfindung*,als eine "Transzendenz". Dadurch wird der Wert "geschaffen", aber er bleibt immer ein *irrealer* und *unerkannter*. Die "Realisierung" des Wertes ist seine"Abschaffung".Der Prozess der Wertschöpfung ist ein *axiologischer Zyklus*, der in der wertfreien Realität des Werkes aufhört.

Gegen diese Auffassung kann man 2 prinzipielle Einwände vorbringen:

aDie Priorität des Unvollkommenen vor dem Vollkommenen lässt sich nicht aus dem Phänomen der axiologischen Negation ableiten.

bDer Begriff der *"Unvollkommenheit"* ist schon ein axiologischer Begriff; er kann also nicht die Wertstruktur erklären, weil er gerade in Beziehung auf eine Wertstruktur erklärt wird.

Die axiologische Negation kann infolgedessen einen Sinn haben nur als Negation einer Realität, die bezüglich des Verneinenden axiologisch negativ ist.Diese Negativität des Realen erklärt zugleich die Unvollkommenheit: Unvollkommensein ist Begrenztsein, die Erfahrung der eigenen Unvollkommenheit ist auch Erfahrung der Realität der Grenze. Das bedeutet aber nicht, dass die *gesamte* Realität einen Grenzcharakter besitzt, sondern: Die Erfahrung der Grenze (Unwertcharakter) ermöglicht, durch die axiologische Negation, die Erfahrung der positiven Werte im Realen.

3.2.4.2. Axiologische Apriorität

Das Wertgefühl ist das einzige Organ, das uns mit den Werten verbindet und uns ein Kriterium für sie und ihre Höhenunterschiede gibt.

Die Einstellung zu den einzelnen Werten ist,historisch gesehen, in steter Wandlung begriffen. Dieses aber beruht auf apirorischer Grundlage. Ein Wertgefühl und ein in ihm enthaltener Maßstab sind Voraussetzung für die sittlichen Phänomene und können deshalb nicht empirisch entstehen.

Der apriorische Charakter des Wertgefühls zeigt sich auch deutlich an dem Phänomen des Gewissens, das ja auf das Wertgefühl zurückgeht, in dem sich das Wertgefühl in einer ursprünglichen Art und Weise Geltung verschafft. Das Gewissen stellt doch eben Forderungen,zeigt Ideale auf im Gegensatz zur Erfahrung; es verlangt von uns, wir sollten anders sein, als wir bisher waren.

Dass sich aber das Gewissen wie das Wertgefühl erst mit der Zeit entwickelt, ist weder Einwand dagegen, dass die Werte an sich bestehen, noch dagegen, dass sie apriorisch erfasst werden. Auch die mathematischen Verhältnisse erkennt man nicht ohne Schulung, ja, mancher begreift sie nie und doch bestehen sie an sich und werden apriorisch erschaut. Auch die dem Nichtbegreifendkönnen der mathematischen Gesetze entsprechende Wertblindheit spricht nicht dagegen, sondern eher für das Ansichsein der Werte. Die Wertblindheit ist nichts anderes als das Fehlen des Wertgefühls für bestimmte Werte.

3.2.5. Antinomien

Neben der Frage nach den Werten und wie erkennen wir diese ist auch das Problem der Freiheit für die Ethik fundamental.

aDie Freiheit (nach Kant) ist nur im positiven Verstand möglich. Das Reich der "Erscheinungen",ragt aus einer anderen Sphäre, als eine determinierende Macht hinein,welche, unabhängig von der kausalen Gesetzmäßigkeit der empirischen Welt, die Forderungen des Sittlichen verkündet.

bDer Wille muss keineswegs nur gegenüber der Kausalität dieser Welt "frei" sein, gegenüber den Geschehnissen, die durch ihn hindurchwirken, ohne dass er es weiß, sondern er bedarf außerdem eines Freiseins gegenüber den sittlichen Prinzipien selbst. Wenn der Mensch wirklich Freiheit hat, dann muss er sich auch für oder wider jeden Wert entscheiden können. (wie es schon J.G. Fichte im Ich erkannte).

Der Mensch braucht einerseits diese Bestimmung aus einer "anderen Welt",diese höhere Determination durch die Werte.Denn allein durch sie vermag er frei zu sein;aufheben kann er den Kausalprozess nicht, in den er verflochten ist, er vermag ihm nur etwas hinzuzufügen.

Aber andererseits dürfen die Werte den Menschen nicht determinieren, denn das würde bedeuten, dass sie den Menschen genau so bestimmen, wie die Naturgesetze den fallenden Stein. Freiheit wäre unmöglich. Das Wollen hat dem Sollen gegenüber Freiheit, kann sich für oder wider es entscheiden.Freiheit ist eben nur möglich zum Guten und zum Bösen. Wenn sich ein Wille nur auf das Gute richten kann, dann ist er nicht frei. cDas Sollen, das in den sittlichen Geboten liegt, verlangt einerseits, dass ihm unbedingt entsprochen wird.

Das Sollen selbst ist also in sich zwiespältig.Einerseits heißt es:Du sollst so sein,andererseits aber: Du sollst dich jedesmal noch frei entscheiden. Das Freiheitsproblem rückt in die Reihe derjenigen Tatsachen, die wir nicht bis in die letzten Dinge hinein zu übersehen vermögen.

3.3. Ästhetische Schau

Mit der ästhetischen Schau ist keineswegs das künstlerische Genre in der Malerei, Architektur, plastischer Kunst, Musik, Dichtung gemeint, noch das unterschiedliche künstlerische Schaffen verstanden,verbunden mit den einzelnen Stilformen,sondern das allgemeine Erschauen einer von den Sinnen empfundenen"Späre"des Schönen.(Erfühlen, Empfinden, Staunen u.a.)

Dieses Sehen(Erleben) ist nicht nur ans "künstlerische" Schaffen gebunden, sondern kann auch vom "Natürlichen"her bewirkt worden sein. (Blumen, Landschaften, Sternenhimmel, Gebirge, das Meer, aufgehende Sonne u.a.)

Auch nicht die ästhetische Erfahrung von Stimmung, sollen damit angesprochen sein.(Beglücktsein, Gläubigkeit, Unendlichkeit, Ewigkeit, Erhabenem, Stolzem, Tapferem u.a.)

3.3.1. Unterscheidung von Erkennen, Meditieren und Sollensforderung

Während das Erkennen ein transzendent Subjektiv-Objektives Ereignis darstellt, geschieht in der Mystik eine transzendent Transzendentpersonal-Subjektivpersonale Gegebenheit statt, im Unterschied zur Ethik als Sollensforderung der subjektiv-transzendent-apriorisch erfahrenen(erlebten) Wertung (im sogenannten Wertgefühl des Gewissens).

Die ästhetische Begebenheit hingegen ist eine mehrschichtig transzendente Erfahrung der Wahrnehmung zwischen Subjekt und Objekt, die das "Schöne" aufweist.

3.3.2. Vordergrund und Hintergrund im Ästhetischen

Wenn im Vordergründigen zunächst das Anmutige (die " schöne Form), das Spielerische zum Tragen kommt, liegt im Hintergründigen die "ästhetische Idee"vor, die das vergangene Ereignis wiederspiegelt, Bewegungen ablaufen lässt, Schicksale beschwört,Charktere darstellt, Religiöses ins Transzendente erhebt u.a.

Anmerkung

Nach Hegel ist das Weltbild, das wir Menschen schaffen, das Bewusstsein der Welt. Die Philosophie (Erkenntnistheorie und Ethik) ist nicht der einzige derartige Versuch.

Auch die Religion und Kunst tendieren auf ein solches Ziel hin. Es gibt keine Religion, die nicht den Anspruch erhebt, Weltanschauung zu sein. Auch die Kunst strebt zu einem Aspekt, in dem die Gesamtheit der Welt irgendwie fassbar wird.
Je tiefer aber in ungelöste Rätsel hineingesehen wird um so deutlicher wird erkannt,dass es einen irrationalen Rest der metaphysischen Probleme gibt. Diesem kann man zwar näherkommen, aber ihn wohl nie ganz auflösen.

4. Grunderfahrung von Unwissenheit und Glauben

Vorwort
Als der Philosoph Peter Wust seine geistige Darlegung im Buch "Ungeheit und Wagnis" veröffentlichte, wurden darin beide anthropologischen Ansätze und Grunderfahrungen die agnostische und religiöse dargestellt.
Es ist einzusehen, dass der Verstand zunächst dem Agnostizismus den Vorzug gibt zumal in unserer Zeit, Ende des 20. Jahrhunderts.
Doch nicht seiner Hinterfragung soll dabei das Wort gegeben werden, sondern es wird offen eingestanden, letztlich die Dinge(Leben und Wirklichkeit) nicht durchschauen zu können.
Sodass Peter Wust in seinem Abschiedsbrief 1940 an seine Schüler, nicht lange vor seinem Tod, beim Rückblick auf seine philosophische Lebensarbeit schrieb: "Und wenn sie mich nun fragen sollten, bevor ich jetzt gehe, ob ich nicht einen Zauberschlüssel kenne,der einem das letzte Tor zur Weisheit des Lebens erschließen könne,dann würde ich ihnen antworten: Jawohl. Und zwar ist dieser Zauberschlüssel nicht die Reflexion, wie sie es von einem Philosophen vielleicht erwarten möchten,sondern das Gebet. Das Gebet,als letzte Hingabe gefasst,macht still, macht kindlich, macht objektiv.Ein Mensch wächst für mich in dem Maße in den Raum der Humanität(nicht Humanismus)wie er zu beten imstande ist,insofern nur das rechte(bescheidene)Beten gemeint ist. Gebet kennzeichnet alle letzte humanitas (Menschlichkeit) des Geistes." Gebet ist das Eingeständnis des Nichtwissens und der Hilflosigkeit und erhält in unbegreiflicher Weise als Geschenk innere Gelassenheit und Geborgenheit.

4.1. Agnostizismus

Darunter soll nicht eine vollständige Unwissenheit gemeint sein, sondern die letzten Grunderfahrungen von Unwissenheit ausgesagt sein.
Der Urgrund alles Wissens (Wissenschaft) wird hierbei infrage gestellt. Was ist letztlich das Ding?der Gegenstand? das Ereignis? oder der Sinn der Gegebenheiten und Wirklichkeiten; worauf fußt sein letzter Bestand? Man kann auch nach dem letzten Ursprung des Seins fragen, nach seinem Wie? Woher? Worin? Wohin? Wozu?

4.1.1. Analythisches Verfahren

Jedes Verfahren was induktiv (analythisch) angewandt wird, setzt zumindest eine einzige, einmalige Gegebenheit voraus. Woher diese Gegebenheit ihren Ursprung hat, oder nimmt, ist nicht zu hinterfragen.
So liegt schon in der ersten Annahme eine nicht geklärte Voraussetzung einer Theorie vor. Daraus lässt sich ableiten:
1) Induktion ist eine Menge (Reihe),deren Anfang letztlich nicht bestimmbar ist, oder nicht bestimmt werden kann.
2) Das Ende der Menge (Reihe) ist unendlich und kann somit nicht kausal festgelegt werden.
3) Auch die gesamte Anzahl der Menge (Reihe) ist unbestimmbar.
4) Das Gesamte der Menge (Reihe) an sich ist nicht zu erfassen, denn das Ganze der Menge (Reihe), die Hypothese bzw. Theorie, ist nicht nur die Summe der Menge oder Reihe.

4.1.1.1. Verifikation

Unter Verifikation soll nicht eine einleuchtende(evidente, intuitive), alltägliche Aussage gemeint sein:wie(z.B.alle Menschen sind sterblich), sondern ein Ereignis das in eine Gesetzmäßigkeit eingeordnet werden kann. (mathematische, physikalische Ordnung, als kausales Gesetz). Ein logisches Gesetz alleine genügt nicht, weil es kein Realgesetz ist,sondern nur im Bewusstsein (Gedanken)besteht. Das heißt bei vorgenommenen Versuchen(Beobachtung oder Tests), muss das Ereignis "eineindeutig" nachweisbar sein. Welches Ereignis aber entspricht einer solchen Anforderung?

4.1.1.1.1. Kausalität (von Ursache und Wirkung)

Eine angenommenen (festgestellte) Ursache muss die gefundene Wirkung haben. Da aber Kausalität nur bei physikalischen und chemischen Prozessen möglich (gefunden) werden kann, scheiden alle anderen wissenschaftliche (psychologische,soziologische,biologische,physiologische,organische,geschichtliche) Feststellungen aus.

4.1.1.1.2. Finalität (von Zweck und Ziel)

Der Kausalnexus kann zwar vom Finalnexus überformt werden, ist aber stets von der Bewusstseinskategorie getragen.
1)Mit dem Zweck im Bewusstsein wird der Zeitfluss der Kausalität übersprungen und das Zukünftige bereits antizipiert (angenommen).
2)Die Mittel des Zweckes werden rückläufig im Bewusstsein determiniert.
3)Die Reihe der selegierten Mittel werden im Realprozess verwirklicht.
Da aber die Teleologie eine Bewusstseinskategorie und keine Realkategorie ist,sind ihre Ziele nur Bewusstseinsgegebenheiten und daher keine Realitäten, sondern nur selegierend angegeben.

4.1.1.1.3. Energieerhaltungsgesetz

Dieses Gesetz besagt, dass in der Realität keine Energie verloren geht. Sei es bei der Umwandlung in eine andere Energieform oder umgekehrt. Diese Erscheinungsform bedeutet eine holistische Gegebenheit d.h. ein ganzheitliches und gleichbleibendes System aller Erscheinungsformen. Daraus lässt sich nur ein Kausalnexus ableiten, alle anderen Denk- bzw. Bewusstseinsgesetzte apriore, wie Logik, Mathematik, Ethik, Axiologie, Religion sind davon ausgeschlossen.

4.1.1.2. Falsifikation

Eine Theorie (Hypothese) wird für falsch betrachtet, wenn sie durch eine verbesserte (andere) Theorie(Hypothese) verdrängt wird.

4.1.1.2.1. Unterschiedliche Anwendung

Die neue Theorie braucht keineswegs eine verbesserte Theorie zu sein. Sie bedarf nur der größeren und breiteren Zustimmung ihrer Vertreter.

4.1.1.2.2. Die neue Theorie kann auch dadurch zustande kommen, dass die vorhergehende(bzw.ältere)Theorie vergessen oder übergangen wurde. Wenn aber keine Theorie letztlich erklärt werden kann, wie das beim analythischen Verfahren festgestellt wurde, ist auch die sogenannte verbesserte Theorie letztlich nicht erklärbar.

4.1.2. Holistisches Verfahren

Darunter sollen alle deduktiven Denkweisen (Denkformen) gemeint sein.
1)Das Verfahren nimmt unkritisch eine Theorie (Hypothese) an und leitet daraus die verschiedenen Einzelgegebenheiten ab. (wie in der Logik)
2)Beim Denkprozess ist solches zwar zulässig, ob es sich aber auf die Realität anwenden lässt wird infrage gestellt.(Denkgesetze sind keine Realgesetze)

4.1.2.1. Verschiedene Paradigmata

Die verschiedenen Vorstellungen über Gegebenheiten (Weltbilder) richten sich nach unterschiedlichen Annahmen, Auffassungen und Meinungen. Wenn Auffassungen, verschiedenen Begriffen zugeordnet u. verstanden werden, liegt ein Paradigmenwandel vor.(Kopernikanische Wende,Quantifzierung)

4.1.2.2. Wissenschaftliche Unterscheidungen

Wie bereits erwähnt, entwickeln sich aus wissenschaftlich unterschiedlichen Fachbereichen entsprechende Begriffe, die einen anderen Inhalt haben und damit ein neues Weltbild entwerfen.

4.1.2.3. Geschichtliche Dimensionen

Die unterschiedlichen Begriffe in einzelnen Epochen der Geschichte lassen ganz andere Erklärungen zu, sodass ihre jeweilige Sprache nicht gleich anwendbar ist.

4.1.2.4. Anthropologische Differenzen
Unterschiedliche Begriffe, Bilder und Erklärungen wurden von der jeweiligen Grundauffassung der Gesellschaft und Kultur zu einer normativen Sprache entwickelt.

4.1.2.5. Religiöse Unterschiede der Sprache
Nicht nur auf das Weltbild, sondern auf den gesamtreligiösen Bereich können sich Begriffe und damit auch die Sprache und das gesamte Sprachverständnis entwickeln (z.B.in der Liturgie, in der Auslegung der Exegese u.a.)

5. Das Sittliche im Gegensatz zum Gesetzlichen

Inwieweit das Sittliche im menschlichen Bewusstsein seinen Ansatz und durch die freie Willensentscheidung der Person geprägt ist, muss ebenso hingenommen werden, wie das Logische und Mathematische, mit folgender Ausnahme:
Das Sittliche(Ethische) ist zwar einfach a priore vorgegeben,doch es hat sich wohl im Laufe der Menschheitsgeschichte entwickelt, ähnlich wie das Gewissen im Leben des einzelnen Menschen sich erst entwickelte. So ist auch logisches und mathematisches Denken dem Bewusstsein a priori vorgegeben,muss dennoch eine Intensivierung durch das Lernen erfahren. Ob sich das aus einer Entwicklung (Evolution)der Menschheitsgeschichte (Anthropologie) ableiten lässt, ist wohl nicht zu erweisen.
Das Gesetzliche hingegen ist nicht auf das Individuum, sondern auf eine Gemeinschaft (Gemeinwesen) angelegt und wird daher beim Übertreten (Fehlverhalten) der Gesetzte rechtlich verurteilt.

5.1. Das Ethische
Während das Recht positiv vom Gesetzgeber verordnet wird, hat das Ethische seine Wurzeln nicht in der Gesellschaft (Gemeinschaft),sondern im Individuum selbst. Der Einzelne kann im Bewusstseinsakt frei nach seinem Willen entscheiden welche Werte für ihn infrage kommen: (Das Nützliche, Hedonistische, Egoistische, Soziale, Wahre, Gute, Schöne, Religiöse u.a.und umgekehrt.). Dieses "Werten" wird axiologisch verstanden, während das Ethische dem Sittlichen zuzuorden ist.

5.2. Das Moralische
Das Moralische hat seinen Niederschlag in der jeweiligen Gesellschaft gefunden und diese Gesellschaft bestimmt was moralisch gut,angemessen, indifferent oder das Gegenteil (Unmoralische) ist.
Von daher gesehen ist der Begriff der "reinmoralischen" Religion, wie ihn Immanuel Kant verwendet hat unangemessen.

6. Das Religiöse

Hierbei soll nicht eine Religionsgeschichte oder die Religionswissenschaft zum Tragen kommen. Nur nach der Grunderfahrung des Religiösen, der Glaube ist angesprochen und soll dargestellt werden.

6.1. Naturoffenbarung

Inwieweit seit "Anfang" der Menschheit das Religiöse zum Ausdruck gebracht wurde, soll nicht untersucht werden.
Wenn Nicolai Hartmann (1944) in seinem Buch "Teleologisches Denken" das Religiöse vom Denken ableitet, und als Anthropomorphismus bzw Anthropozentrismus bezeichnet, und damit Religiösität in das Bewusstsein des Menschen verlegt, negiert er damit die Realität des Religiösen Seins.Aber selbst bei dieser Annahme und Behauptung bleibt der einzelne Mensch dennoch fragend nach dem Urgrund des Daseins, Werdens und Vergehens.

6.1.1. Das Unbegreifliche

Aus diesem Suchen und Forschen nach dem Urgrund ist der Mensch auf dem Weg zum Unbegreiflichen und bleibt letztlich ein Unwissender.

6.1.2. Das Geheimnisvolle

Eine weitere Grunderfahrung macht der Mensch bei seinem Hinterfragen, dass er auf etwas Geheimnisvolles stößt, das für ihn unerklärlich bleibt und das er gerne verstehen möchte.

6.1.3. Das Heilige

Gleichfalls wünscht sich der Mensch von diesem "Geheimnisvollen" angezogen, berührt und erfüllt zu werden.

6.1.4. Das Gebet

Der einzige Zugang zum Urgrund des Seins zu gelangen ist wohl das individuelle, bescheidene und verinnerlichte (meditative) Gebet. Denn im Gebet erhält der Mensch im Eingeständnis des Nichtwissens und der Hilflosigkeit,in unbegreiflicher Weise innere Gelassenheit und Geborgenheit die ihn anregt und auffordert zu diesem Urgrund zu gelangen.
Die Psychoanalyse deutet das religiöse Phänomen mit verinnerlichten, individuellen, archetypischen Bildern des Mythos, der Visionen, die sich hauptsächlich im Traum oder in Märchen und Legenden niederschlagen. Dabei geht es vordringlich der "Psychoanalyse" darum die individuellen Ängste zu erkennen und dann zu bannen und schließlich zu überwinden

6.2. Religiöse Offenbarung
Im Gegensatz zur Naturoffenbarung, die dem Menschen rätselhaft gegeben ist, wird religiöse Offenbarung in Wort oder Schrift durch Personen nicht an Individuen, sondern Gemeinschaften vermittelt. Inwiefern Privatoffenbarung dazu gerechnet werden kann,soll bei dieser Grunderfahrung ausgeklammert werden.

6.2.1. Jesus Christus durch die Heilige Schrift
Um den Glauben der Offenbarung, sei es im niedergeschriebenen Wort oder in der mündlichen Überlieferung,d.h. in der Thora(A.T.)bzw.im Talmud (mündliche Überlieferung) wie im Neuen Testament und der mündlichen Überlieferung der Kirche, Tradition, zu erschließen, wird die historisch-kritische Exegese als Methode angewandt. Diese hat die Aufgabe die geoffenbarten Worte in der Geschichte zu beurteilen und zu erkennen, sowie zeitgeschichtlich einzuordnen und für die jeweilige spätere Zeit transparent zu machen und verständlich darzustellen.
Nur aus diesem Eingebundensein in der Geschichte können die Texte ausgelegt und erklärt werden und späteren Zeiten neu interpretiert und adaptiert werden.
Dass man sich bei diesem Unternehmen auf einer Gradwanderung befindet,einerseits den Text nur zu wiederholen,andererseits dem heutigen Sprachverständnis, Zeitbegriff und dem Zeiturteil entsprechen muss, um verstanden zu werden, ist einleuchtend und selbstverständlich.
Das Neue Testament versucht eine Neuinterpretation und erweitert die jüdische Auffassung und Vorstellung in ihrem christlichen Glaubensgut. Dabei bedient sich die Theologie ganz gewiss der alttestamentlichen Texte um sie neu zu erschließen und argumentierend darzulegen.
Bei diesem neuen Erkenntnisprogress übernimmt der Ev.Johannes auch fremdes Gedankengut, wie das der spätjüdischen Apokalyptik und des Neuplatonismus z.B. in dem Begriff: "Lamm Gottes".
Schon Paulus erweiterte die theologischen, jüdischen Auffassungen und Interpretationen und kam zu neuen Einsichten und Erkenntnissen, besonders über den Kreuzestod Jesu Christi, der Erlösung und der Auferstehung von den Toten und des neuen Gottesvolkes und Kirchenverständnisses u.a.
Aus diesem Grunde müsste auch der Ansatz des zweiten Vatikanischen Konzils neu gewürdigt und bedacht werden, einer Zukunftsvision offen zu bleiben.
Die religiösen Begriffe müssten eine neue Sprache erfahren um für jeden verständlich und zeitgemäß zu sein. Damit blieben selbst regional unterschiedliche Theologien und verschiedene Liturgien gewürdigt.

7. Das wahre Christentum nach Immanuel Kant

(Kant's Theorie der reinmoralischen Religion, Riga 1796)

Vorwort

In der Lebensbiographie von Kant nach Johannes Hirschberger(Geschichte der Philosophie II, 1952, Seite 249 f.)wird durch Friedrich Wilhelm II. am (1.10.1794) die Religionsphilosophie von I. Kant durch Kabinettsordre beanstandet und sogar seine Lehre unbegreiflicherweise in die Nähe des Atheismus gebracht. Seine Religionsphilosophie sei auf bloße Moral reduziert und der Kirchenglaube hätte den reinen Religionsglauben zum Ziel. Die religiöse Entwicklung sei die Ablösung des Geschichtsglaubens in den Vernunftglauben. Kant sei ohne Verständnis für das Historische, das Mysterium, den Kult und das Symbol,wie es die gesamte rationalistische Aufklärung war.

Diese kritischen Äußerungen stehen einer gläubigen, christlichen Auffassung des Philosophen Immanuel Kant entgegen, wie sie in seiner Schrift: "Der reinmoralischen Religion mit Rücksicht auf das reine Christentum" Riga 1796 zum Ausdruck kommt.

Damit soll nicht eine vollständige Bearbeitung dieser Schrift erfolgen, sondern ein Einblick durch einige Texte gewonnen werden, die der Auffassung von J. Hirschberger entgegen stehen. Zum besseren Verständniswird auf "Die Religion innerhalb der Grenzen der bloßen Vernunft" Königsberg 1794² verwiesen.

7.1. Das Ideal der vollkommenen Menschheit trägt der Mensch in sich Es ist deshalb für den Menschen die Pflicht,dass er dieses Ideal, soviel an ihm liegt, durch echt sittliche Gesinnung auch in seinen Handlungen realisiert. Das Böse in der Menschheit, oder im Repräsentanten derselben, dem ersten Menschen(Adam), ist nicht durch einen der Menschen ursprünglichen "zugrundeliegenden Hange zum Bösen", sondern einen Sündenfall, in wie fern als die erste gedacht wird, als der Übergang aus dem Stand der Unschuld in den Stand der Schuld(Erbsünde) geschehen. Im Verhältnis auf die Gottheit (die Kant als selbstverständlich voraussetzt), muss das notwendige Ideal der Heiligkeit endlicher vernünftiger Wesen unter folgenden Bestimmungen gedacht werden:

a)Auf seinen Ursprung: Als nicht erschaffen,sondern gezeugt: Das ist der eingeborenen Sohn Gottes.

b)Auf die Welt als Endzweck der Schöpfung als das Wort, Werde, durch das alle anderen Dinge sind, und ohne das nichts existiert, was gemacht ist;der Abglanz der göttlichen Herrlichkeit. In ihm(Christus)hat Gott die Welt geliebt.

c)Mit Rücksicht auf die menschliche Natur, das vom Himmel auf die Erde herabgekommen ist und die Menschheit angenommen hat, das Wort ist Fleisch geworden, und hat in uns (unter uns) gewohnt.

Nur durch den Sohn gelangt man zum Vater.Niemand hat Gott gesehen, nur der eingeborene Sohn. Denen, die ihn(Sohn) aufnahmen,gab er Macht Kinder Gottes zu werden:Seid heilig, wie euer Vater im Himmel heilig ist, in der Tat und im Lebenswandel. Daher können wir die Güte Gottes erwarten in der Hoffnung auf die Gerechtigkeit Gottes. Das vermag der Mensch nur,wenn er die reine Idee des Sittlichkeitsvollkommenen in seine Gesinnung auf nimmt, dass er praktisch an den Sohn Gottes glaubt. Das wird mit Wundern beglaubigt. Die Person des Lehrers der alleinigen, für die Welt gültigen Religion bleibt ein Geheimnis.

7.2. Der Sieg über das böse Prinzip (Böse) ist nur durch Gründung eines Reiches Gottes auf Erden möglich. § 85 - 133

Die bürgerliche Gesellschaft steht unter den Zwangsgesetzen für die Allgemeinheit, während die ethische Gesellschaft unter zwangsfreien Gesetzen steht und nur die Bekämpfung des innerlichen Bösen und Sieg (moralische Besserung) zum Zweck hat. Die bürgerliche Gesellschaft geht auf bloße Legalität, die sittliche auf Moralität aus.

Ein ethisches gemeines Wesen (Gemeinwesen) unter der göttlichen Gesetzgebung ist die Kirche und zwar die unsichtbare.Die sichtbare ist die wirkliche Vereinigung der Menschen zu einem Ganzen, das mit jenem Ideal zusammenstimmt und in so fern die wahre in wieweit sie die unsichtbare darstellt:in Allgemeinheit,Heiligkeit, Freiheit und absolute Notwendigkeit. Kirchenglaube bedarf seiner Erhaltung, Ausbreitung und Fortpflanzung, was durch das im öffentlichen Ansehen stehende Buch, das heilige Schrift heißt geschieht. Die Gesinnung und Denkart des reinen Religionsglaubens ist der Geist Gottes. Die Eingliederung in die Kirche geschieht durch die Taufe. Die Kommunion ist die Liebesgemeinschaft mit Christus.Vergebung der Sünden kann nur Gott gewähren und stellvertretend Gottes Sohn.

7.3. In der Kirche, als dem Bilde des Reiches Gottes, gibt es keinen anderen wahren Dienst Gottes, als einen sittlichen. § 133 - 165

Über geoffenbarte Religion.

In erster Eigenschaft muss das Christentum den moralischen, jederman fasslichen, von allen historischen Überzeugungsgründen unabhängigen Glauben haben.Der Stifter (Jesus Christus) hat auch wirklich diesen Glauben vorgetragen.

aDass die reine Herzensgesinnung Gott wohlgefällt.

bDass Wahrhaftigkeit und nicht Schriftgelehrtheit im Herzen des Menschen sei.cIn einer [1]allgemeinen und [2]besonderen Regel:

[1]Das ist liebe Gott den Gesetzgeber über alles und

[2]deinen Nächsten wie dich selbst.

Jeder Kirchenglauben widerspricht dem Religionsglauben, wenn das Historische und Statutarische für das Wesen der Religion gehalten wird. In dem echt christlichen Kirchenglauben muss der reine Vernunftglaube als das gebietende Prinzip anerkannt und geehrt werden, die Lehre der Offenbarung aber, worauf das Äußerliche der Kirche gegründet ist, welche der Gelehrsamkeit zur Auslegerin und Aufbewahrerin bedarf, muss als bloßes, aber höchstschätzbares Mittel, um dem Religionsglauben äußere Darstellung, Fasslichkeit für den Unwissenden, Ausbreitung und Beharrlichkeit zu geben, geliebt und kultiviert werden.

7.4. Über Geheimnisse § 165 - 179

In allen Glaubensarten, die sich auf die Religion beziehen, stößt das Nachforschen über ihre innere Beschaffenheit,unvermeidlich auf ein Geheimnis, das ist auf etwas Heiliges dessen Dasein, zwar durch bloße moralische Vernunft erkannt und mitgeteilt werden kann, und insofern kein Geheimnis ist; aber die erste Ursache von der Existenz eines solchen heiligen Gegenstandes, oder die Art und Weise, durch welche Existenz desselben möglich wird, das ist das Unerforschliche und Geheimnisvolle in solchen heiligen Gegenständen.

Dem Bedürfnis der praktischen Vernunft gemäß ist die Gottheit, im Verhältnis des moralischen Weltbeherrschers unter drei wesentlichen verschiedenen Charakteren, Objekt des Glaubens:

a)an den moralischen Urheber der physischen und moralischen Welt - Schöpfer Himmels und der Erde - als dem heiligen Gesetzgeber;

b)an den moralischen Erhalter des menschlichen Geschlechtes, als gütigen Regenten;

c)an den Verwalter der moralischen Gesetze, als gerechter Richter:

1Das Geheimnis der Berufung;

2Das Geheimnis der Genugtuung (die Vergebung der Sünden);

3Das Geheimnis der Erwählung (die Gnadengaben)

7.5. Über die Gnadenmittel § 179 - 198

Wenn man dasjenige, was der Mensch dem Sittengesetz zufolge tun soll, und auch tun kann, die Natur im Menschen nennt: so wird unter Gnade das verstanden, was nur durch die Hilfe Gottes möglich ist, die der Mensch insofern, als er das Seinige tut, erwarten darf.

Zusammenfassung:

Die Darlegungen von Immanuel Kant sind wie eine Dogmatik begründet und führen die Heilige Schrift als Beweis an:

Gottes Sohn ist gezeugt. Die Schöpfung ist durch den Sohn Gottes als Abglanz des Vaters, der göttlichen Herrlichkeit, geworden und auch geliebt.Der Sündenfall bewirkt die Erbsünde und der Stand der Unschuld ging durch die erste Sünde verloren.

Die Kirche (Jesu Christi) ist ein ethisches Gemeinwesen unter der göttlichen Gesetzgebung. Die Kirche bedarf der Erhaltung, Ausbreitung und Fortpflanzung, was in der Heiligen Schrift dargelegt wird. Die Gesinnung und Denkart des reinen Religionsglaubens ist durch den Geist Gottes gegeben. Die Eingliederung in die Kirche geschieht in der Taufe. Die Kommunion ist die Liebesgemeinschaft mit Christus.
Vergebung der Sünden gewährt der Sohn Gottes,stellvertretend für Gott.
I. Kant folgert stringent, dass nur das Christentum die einzig wahre Religion sein kann.

Anmerkungen:
Die Auffassungen von Kant über Gott wie auch die Heilige Schrift stehen diametral gegen die Meinungen der Aufklärung und der französischen Revolution, die zu Gott und zur Offenbarung keine Brücke haben.
Auch die Wunder werden von Kant nicht infrage gestellt, besonders wenn diese als Beweisführung und Bestätigung herangezogen werden.
Das Judentum, als "theokratische und statutarische" Religion lehnt Kant ab, weil es auf historischen Ursprung begründet ist und annimmt das auserwählte Volk Gottes zu sein.

Kritische Einstellung:
Wie sehr sich das Weltbild in den letzten 200 Jahren verändert hat lässt sich besonders an der Exegese der Heiligen Schrift erkennen.
Darin wird heute ein kulturgeschichtlicher Einblick ausgearbeitet und das Sprachverständnis in unsere Zeit adaptiert. Die Entstehung der Welt und anthropologische Entwicklung des Menschengeschlechtes ist neu zu interpretieren. (Evolution)
Alttestamentliche Vorstellungen gelten als überholt. Und die daraus abgeleiteten dogmatischen Erklärungen über Gott, Engel, Teufel, Himmel und Hölle, Wunder, Dämonen u.a. gelten für uns als eine fremde Welt.
Selbst die kritische Bearbeitung von I.Kant über Religion ist teilweise einer veralteten Auffassung aus der Begriffswelt der Heiligen Schrift entnommen.
I.Kant's berechtigter Einwand, die Heilige Schrift nicht zu verändern, weil sonst jegliche Bezugnahme auf das religiöse Phänomen verloren geht, und jedeTradition von seinem Ursprung abgeschnitten wird und nur subjektive Auffassungen zum Zuge kommen würden, soll bestätigt bleiben.
Doch der Begriff "reinmoralische Religion" ist und bleibt unangemessen, Weil mit Moral ein erwartetes Verhalten des einzelnen Individuums zur jeweiligen Gemeinschaft gefordert wird in der er lebt und nicht seine sittlichpersönliche Entscheidung.

8. Mythos und Mystik

(Der Mensch ist nicht das Maß aller Dinge, aber er möchte alles messen)

Einführung

Die Aufgliederung dessen was wir als "geistig" bezeichnen ist als personaler, objektiver und objektivierter Geist zu verstehen, die sich einander bedingen können.
Anders gesagt:Der empirisch-personale Geist ist nicht das Bewusstsein, als Gegenstand der Psychologie, obschon Bewusstsein zum Geistigen gehört. Auch geht das seelische Sein nicht im Bewusstsein auf.
Am besten erkennen wir den personalen Geist an seinen Eigenschaften im "objektiven" Geist von(Sprache, Erkenntnis, Wissenschaft, Logik, Ethik, Kunst,Religion, Philosophie, Technik, Politik, Pädagogik, Soziologie u.a.)
Mit dieser Vorgabe ist ein Einordnungsschema für Mythos und Mystik gegeben: Wobei Mystik sich auf den "personalen Geist" bezieht und Mythos im "objektiven Geist" seinen Niederschlag findet und zum "objektivierten Geist" des Vergangenen geworden ist. Thematisch soll aber zuerst der Mythos, dann erst die Mystik bearbeitet werden.

Vorwort

Peter Wust hat in seinem Werk "Ungewissheit und Wagnis" versucht ein Teilproblem der Mystik zu lösen, durch die Infragestellung von Wissen und einer ungesicherten Sollensforderung.Darin wird jeder wissenschaftliche Versuch für begrenzt angesehen und jede noch so hoch eingeschätzte Wertung für unzureichend und als Wagnis betrachtet.
Mit diesem Beitrag soll noch eine breitere Basis erfasst werden durch eine umfassendere Problemstellung des Methaphysichen über Mythos und Mystik. Das erfordert aber eine Ausweitung des Themas.
Deshalb soll nur beispielhaft eine Bearbeitung erfolgen. Unter dem Gesichtspunkt der bildenden Kunst (in Musik und Malerei) und der Geschichtsphilosophischen Betrachtungsweise;und auch darin nur partiell gesehen um die Grundstrukturen aufzuzeigen. Ausgenommen bleiben die Naturwissenschaften, die Logik und Ethik, deren Begründung, Entstehung und geschichtliche Entwicklung übergangen werden sollen.
Der Hinweis beschränkt sich im Blick auf die Tonkunst in der "Schicksalssinfonie" Ludwig von Beethoven und auf das Bild der Auferstehung von Matthias Grünewald.
In beiden Bereichen wird eine "grundsätzliche" Aussage versucht: In der 5. Sinfonie das Schicksalhafte mit dem menschlich, unbegreiflich Unabwendbaren und bei der Auferstehung mit der Hoffnung auf ewiges Leben darzustellen. Sowohl das "Schicksalhafte" wie auch das "Hoffende" sind in ihrer Ganzheit als eine mythische Auffassung zu interpretieren.
Einen ähnlich umfassenden Sinn hat die "geschichtsphilosophische" Betrachtungsweise Ereignisse in ihrem "Prozess"monistisch einzuordnen..
Diese Einstellung kann [1]theologisch wie auch [2]philosophisch erfolgen:

1Erstere soll dargelegt wirden durch den "Prolog"des Johanneskommentares(1998) von Ludger Schenke, durch das Buch "Ein Gott in drei Personen"(1999) von Karl-Heinz Ohlig und "Glaube ohne Mythos"(2001) von Gotthold Hasenhüttl.
2Letztere durch I. Kants Theorie "der reinmoralischen Religion"(1796).
Damit ist aber nur das Mythische in seinem Ansatz erfasst, das Mystische muss einen ganz anderen Weg einschlagen, nämlich den vom personalen Geist aus.
Zwar sind die Bereiche des personal Geistigen und des objektiv Geistigen ein lebendiges Phänomen im Gegensatz zum "objektivierten" Geist, der seinen Niederschlag in der Geschichte, Wissenschaft, Philosophie, Religion, Kunst u.a. zwar gefunden hat,aber nur auf das Vergangene zurückschaut und nicht mehr an und in sich lebendig ist noch selbst wirken kann und daher keine Zukunft mehr offen hat.
Zum mythischen Denken werden noch zwei Ansätze der "Lebensbewältigung"durch das "mosaische"Gesetz mit den Kirchengeboten und in den Sakramenten gezeigt.
Inwiefern von einer "Gesamtschau" des Mythischen und Mystischen gesprochen werden kann, wird erst die Ausarbeitung zeigen.

8.1. Allgemeine Bedingungen des Mythischen

8.1.1. Voraussetzung und Bestimmung

Auf keinem Gebiet ist die Einheit und Ganzheit des objektiven Geistes so spürbar und mächtig wie in dem Bereich des Mythos. Es gibt keinen Zeitgeist, der nicht eine bestimmte, voherrschende Form des Weltbildes hätte und in diesem dem Menschen seine gegebene Stellung zuweist. Die Weltanschauung bezieht ohne Grenzbewusstsein von Wissen und Nichtwissen das Unbekannte mit ein,gibt ihm die zum Ganzen passende Prägung und stellt so ein Gesamtbild her, das den metaphysischen Bedürfnissen der Zeit entspricht.

8.1.2. Zuordnung und Auswirkung

Weltanschauung in diesem Sinne ist niemals das Produkt einsamen Denkens einer einzelnen Person. Sie ist geschichtlich gewordenes Gemeingut des Geistes, das der Einzelne übernimmt, in sie hineinwächst mit seinen Sinnen und das ihn formt.Der Grund liegt darin,dass über alle Verhältnisse des Menschen eine höhere Macht angenommen wird, die nach seiner Meinung über ihn waltet.
Charakteristisch ist das hinnehmende Übernehmen, das Sich-Fügen und die ehrfürchtige Hingegebenheit gegenüber dem "höheren Wesen".

8.1.3. Strukturen des Mythischen

Ein ganzheitliches Weltbild wird dargeboten.Der Anfang alles Seins wird beschrieben und das Ende ist ebenfalls bestimmt. Nicht abgeleitet vom Wissen um Leben und Sterben durch Geburt und Tod aus Erfahrung, geschieht das, sondern von den höheren Mächten bewirkt. Dabei kann diese "Sichtweise" theistisch oder pantheistisch gemeint sein.

Das Weltbild, die Vorstellung über die Welt und Gestirne wird als Schöpfung jenseitiger Mächte angesehen und auch das Ende ist von daher vorausbestimmt.

Eine anthropologische Frage wird dahingend beantwortet: Vorherbestimmung ist das Los des Menschen. Freie, persönliche Entscheidung findet nur für die Gemeinschaft(Familie, Gemeinde, Volk, Glaubensgemeinschaft) statt, nicht als eine eigene Zielsetzung und Tätigkeit, sondern ähnlich der Gewissensforderung beim Handeln.

8.1.4. Vorherbestimmung und Getragensein von den Übermächten

Das "All" ist nach einem ewigen Plan entworfen, der von den höheren Mächten vorgezeichnet ist und auf ein Ziel hin ausgerichtet ist.

Kausalität von Ursache und Wirkung, noch Schichtung der Welt mit seinen kategorialen Unterscheidungen und verschiedenen Seinsweisen, wird nicht angenommen.

Teleologisch ist die Welt vom "höheren Wesen" angelegt und in der Geborgenheit der Gemeinschaft ist der Einzelne aufgehoben und fühlt sich vom lebenden Gemeingeist getrage. Entscheidung und Verantwortung wird vor dem "Absoluten" getroffen.

8.1.5. Zusammenleben in der Gemeinschaft

Gesetzesvorschriften und "willkürliche"Verordnungen sind die Bedingungen des Zusammenseins und sind strikt geboten eingehalten zu werden Bei "Übertretung" werden bestimmte Strafen verhängt oder der Ausschluss aus der Gemeinschaft angedroht.

"Rituelle Reinigungen", wie Waschungsvorschriften sind unverzüglich zu beachten. So breiten sich Ängste, Furcht und Schrecken aus, die Vorschriften genau zu beachten und lähmen jede eigene Initiative, alles selbständige Handeln und Tun. Nicht"Hinterfragen"der Dinge und Ereignisse ist angebracht, sondern Ausführung und genaue Beobachtung der Gebote und Gesetze. Anpassung und Unterordnung gehören zur obersten Pflicht des Einzelnen. Von seinem Gewissen wird ein jeder dazu gedrängt die Anordnungen einzuhalten. Weder Innovation noch Freiheit, sondern Tradition und Beobachtung sind das Band der Gemeinschaft in ihrer Zusammengehörigkeit, der seinen Zweck im Ritus, in der Etikette, im Zeitgeist, in der Mode, selbst in der Liturgie vor dem Absoluten erfüllt.

8.2. Mythische Darstellungsformen in der Kunst

Nur "beispielhaft" und als Hinweis sind die Ausführungen gedacht. Von einer umfassenden Beantwortung kann gar keine Rede sein, weil das "Thema" zu umfangreich ist und wohl nur von Experten bearbeitet und bewältigt werden kann.

8.2.1. Das"Schicksalhafte"bei Ludwig von Beethoven in der 5. Sinfonie

Diese Darstellung des Schicksalhaften ist Ausdruck einer "mythischen" Denkweise. Ohne Einleitung und unmittelbar wird die Herausforderung des Schicksals empfunden, wie ein Paukenschlag angekündigt.

Der Anfang der 5. Sinfonie ist eingehüllt in das unfassbare Eingreifen des Übermächtigen. Man kann sich dieser Gewalt nicht entziehen und sich nicht gegen das unabdingbare Geschick erwehren.

Betroffen vom übermächtigen Geist ist die Seele, sodass es kein Entrinnen gibt und wie in einen Strudel gezogen den Menschen erfasst. In diesem Bann wird man umhergewirbelt und triftet dann ins Ungewisse ab. Kein eigener, klarer Gedanke kann mehr gefasst werden übermächtigt von der Urgewalt. In Abgrundtiefen wird man versenkt,machtlos und hilflos ausgeliefert ohne ein rettendes Ufer zu sehen oder eine helfende Hand zu finden und zu erspüren.Dann treibt man vom Strom gepackt ins Ungewisse ab.

Und wiederum "dröhnt und trommelt" das Bedrängende auf einen ein. Wann wird endlich Einhalt geboten, wann lässt diese Gewalt nach, gibt Ruhe und Frieden. Nochmals schlägt diese Kraft zu. Wie lange muss es ertragen werden, durchgestanden sein?

So ist das Leben des Menschen geprägt und nur so zu verstehen, dass die Mächte über ihn willkürlich walten ohne Erbarmen und ohne Mitleid und die Ängste der bedrängten Seele bis ins Endlose steigern, sodass Furcht, Schrecken und Entsetzen das Herz erfasst und kein Ausweg noch Hoffnung auf Erlösung zuteil werden kann.

Dieser "mystische Geist" mit seinem erbarmungslosen Geschick prägt das Empfinden in der 5. Sinfonie der sogenannten "Schicksalssinfonie".

8.2.2. Die "Auferstehung" von Matthias Grünewald

Bei diesem Gemälde soll nur ein kleiner Teil des künstlerischen Schaffens angedeutet sein, in dem das"Hoffende" durch die Auferstehung und das Weiterleben nach dem Tod, veranschaulicht wird.

Schwebend und nach oben weisend in "verklärter Herrlichkeit" hebt sich die leuchtende Gestalt des Auferstanden vom Erdhaften ab. Die ausgebreiteten, nach oben gestreckten Armen mit den durchbohrten Händen deuten an, dass Kreuz und Tod überwunden wurde. Das strahlendweiße Gesicht, von wallenden Haaren umgeben, lässt einen erhabenen Ausdruck ahnen, einer neuen "Dimension" des Ewigen und Unendlichen,

die alles Zeitliche und Vergängliche überwunden hat, durch gelbausstrahlenden Lichterglanz, durch sonnenhafte Farben bis ins geheimnisvolle Violett abgestimmt wird und vom himmelfarbenen Blau kreisförmig umgeben ist und die schwarze Nacht des Hintergundes einzelne Sterne aufleuchten lässt. Wallende seidene Gewänder umranken die lichtvolle Gestalt. Die Leidensmale der Kreuzigung mit den fünf rötlich aufleuchtenden Wunden, funkeln im Gelbton und lassen den"wahrhaft" Auferstandenen von den Toten, hinweisen auf Überwindung des Leidens mit allen unsagbaren Todesschmerzen.
Noch liegt das welthaft Irdische, in Umbratönung, am Fuße des Verherrlichten zugrunde, und lässt einige aufleuchtende Wolken hoffnungsahnend andeuten. Selbst die in Regenbogenfarben, wehenden Gewänder, haben alles Erdhafte abgelegt. Die gesamte Schöpfung nimmt Anteil am Glanz des Ewigen. Erlösung ist vollendet, die letzte Hoffnung als Überwindung des unausweichlichen Todes ist in Erfüllung gegangen und wie in ein mystisches, verklärtes Weiterleben gehüllt.

8.3. Mythische Lebensforderungen

Nur kurz gerafft soll diese Bearbeitung erfolgen um das Mythische noch besser hervorzuheben.

8.3.1. Das Mosaische Gesetz die 10 Gebote

Durch die 10 Gebote wird das "gesamte" Leben der Menschen in seiner Verantwortung vor Gott und den Menschen bestimmt.
Die drei ersten Gesetze gelten der Gottesverehrung, Gott als den alleinigen Herr anzuerkennen und zu verehren, mit der Verpflichtung den Sabbat zu heiligen durch "religiöse Betätigung" und an diesem Tag keine Arbeit zu verrichten.
Die sieben weiteren Vorschriften beziehen sich auf das Verhalten des Einzelnen und der Gemeinschaft, sei es in der Familie oder im Volk, verantwortlich zu handeln.
Wer diese Gebot einhält, wird mit der "Verheißung" auf ewiges Leben belohnt. Bei Übertretung wird Strafe angedroht und vollzogen.
Die sogenannten göttlichen Gebote, sind durch eine christliche Interpretation neu bestimmt und durch Kirchengebote ergänzt worden.
Ergänzend kann noch ein Verhalten im religiösen Gemeinschaftsleben aufgezält werden wie rituelle Gebete, Waschungen, Vorschriften in der Liturgie, Tagesgebete u.a.

8.3.2. Sakramente

Zusätzlich zu diesen Bestimmungen wird für das christlichen Leben eine weitere Vorschrift verordnet: Durch die sieben Sakramente erfolgt die:

Aufnahme in die Glaubensgemeinschaft durch die Taufe; Glaubensentscheidung bei der Firmung; sakramentale Gemeinschaft mit Jesus Christus beim Abendmahl; die Vergebung der Sünden in der Beichte; die Lebensgemeinschaft von Mann und Frau in der Ehe; die Salbung in Krankheit und im Tod als heilige Ölung; die Spendung und Verwaltung der Sakramente durch die Priesterweihe, (Ordo).
Damit wird das Leben des Gläubigen in eine Form eingebettet, dass er bei Beachtung der Sakramente in Verbindung mit Erfüllung der Gebote von Gott ewiges Leben erwarten kann.

8.4. Mythologische Betrachtungsweisen und monistisches Denken
Beide Bereiche können theologisch, wie philosophisch gedacht sein. Sollen aber nur gerafft dargestellt werden.
8.4.1. Der "Prolog" des Johanneskommentars von Ludger Schenke(1998)
a)Das Urgeschehen ist ewig und allgemeingültig. Der Anfang des ewigen Seins ist und war das Wort. Und das Wort, der Logos, war Gott. Schon vor aller Schöpfung hat es (er, der Logos) seinen Bestand.
Und dieses Wort war im Anfang bei Gott.
b)Das Wort ist die nach außen gewandte Seite Gottes. Es ist Gott als Offenbarer und Wirkender. Die Schöpfung ist die erste Äußerung des Wortes Gottes.
c)Die vom "Logos" ins Dasein Gerufenen, empfingen von ihm das Leben, als eine ewige Gabe.
d)Und wenn die Geschöpfe sich als vom Wort (Logos) Geschaffene verstehen, besitzen sie das Licht, das ihnen in der Finsternis leuchtet.
Ist in 1 1-5 über das Wort eine Aussage aus der "Ewigkeit" gemacht, so wird mit 1 6-13 ein Zeugnis der Geschichte dargestellt. Darin wird Johannes als Zeuge des wahren Lichtes, das in die Welt kam, angegeben: Der Logos ist Mensch geworden, doch die Welt hat ihn nicht erkannt und vom eigenen Volk wurde er nicht aufgenommen. Es gab aber auch solche, die ihn aufnahmen und an ihn "glaubten". Diese bekennen sich in 1 14-18 für den Logos, der das wahre Licht ist und werden deshalb als "Kinder Gottes" angenommen und empfangen Gnade und Wahrheit in vollkommener Weise. Der Logos (fleischgewordenes Wort) alleine hat von Gott Kunde gebracht und diese den Glaubenden (Gläubigen) anvertraut.
Dann kehrte er zum Vater zurück in den Bereich des ewig Göttlichen.
8.4.2. "Ein Gott in drei Personen" von Karl - Heinz Ohlig (1999)
Nicht die Auflistung der geschichtlichen Entwicklung soll zum Zug kommen, sondern die kulturgeschichtlichen Bedingungen, die zu dieser Auffassung führten. Mit anderen Worten: Das "mythologische" Denken des "objektiven" Geistes jener Zeit entspricht der Vorstellung über Gott und dem einen Gott in drei Personen.

8.4.2.1. Religionsgeschichtliche Entwicklung des Monotheismus (bis Jesus).
Jesus stand in der Tradition des jüdischen Monotheismus. Sein Denken und Handeln war auf den einen Gott ausgerichtet, von dem er sich gesandt fühlte, sodass er ihn Vater nannte.
Nach der Übernahme "Jahwes" aus dem Außerirdischen wandelte sich dieser Gott der Berge-Wege-Stammes-Gott zum nationalen Gott Israels und letztlich zur universalen, alleinigen Größe.
Das Hebräische kannte für Jahwe nicht den allgemeinen Begriff Gott (als Wesen), sondern den in der Geschichte handelnden Gott.
Später wurde dieser Inbegriff aller "Els"im Wort Eloim, das im Griechischen mit "Gott" (als Wesen) übersetzt wurde, übernommen.
Dieser allgemeine Begriff führte zu Unterscheidungen zwischen"Wesen" Gottes und seiner Realisierung(Hypostase),was zur Grundlage der späteren trinitarischen Entwicklung führte.

8.4.2.2.Kulturgeschichtliche Bedingungen von Gott in drei Personen
Die Hellenisierung der Juden in der Diaspora brachte neue Vorstellungen die Welt und die Geschichte zu verstehen und ihren Sinn darzu legen. Jahwe wurde das höchste, einfache und unveränderliche Wesen, das selbst nicht mehr die Vermittlung zur Welt in der Schöpfung als Demiurg und in der Geschichte des Handelns wahrnehmen konnte.
Im Frühjudentum übernahmen diese Funktionen die Weisheit oder der Logos in einer stoischen Denkweise. Diese Funktion des Schöpfers (Demiurgen) und des Wirkens in der Geschichte (Weisheit bzw.Logos)wurden zur Hypostase (Mittler) des Handelns in binitarischer Vorstellung. Eine zusätzliche "Motivation" brachte die hellenistische Christologie in der Jesus Christus zwischen dem Unendlichen und Endlichen, zwischen Gott und Mensch vermittelte. So wurde Jesus als der"inkarnierte"Gott verstanden.
Durch die "zeitgeschichtliche Gnosis" bedingt, welche zwischen dem guten und einfachen Gott des Lichtes und der vom Bösen der Materie geprägten Welt, eine Fülle von Mittlern(Hypostasen) annahm,was zwar nicht rational erklärbar war, aber einfach hingenommen wurde, beschränkte christliches Denken diese gnostischen "Emanationen" auf zwei aus Gott hervorgegangene Hypostasen.
Der nächste Schritt der Trinitätsvorstellung ergab sich aus einer "immanenten"Auffassung, welche der Neuplatonismus als drei göttliche, immanente Vorgänge in Gott annahm: Das Eine, der Geist und die (Welt)Seele.
Durch die Übernahme der Taufformel des Evangeliums verband man diese Vorstellung mit dem Begriff der Person als Vater, Sohn und Geist bezeichnet und mit der Trinitätsformel und hat diesen mit ein Gott in drei Personen abgeschlossen.

8.4.3. "Glaube ohne Mythos" (von Gotthold Hasenhüttl, 2001)

8.4.3.1. Jenseits der Theismen

"Vom Standpunkt des Polytheismus, der viele göttliche Wesen und von dem des Monotheismus, der ein einziges transzendentes, persönliches Gotteswesen kennt, ist der uralte Atheismusvorwurf Roms den Christen gegenüber voll berechtigt. Das Christentum in seiner wahren Form überwindet alle Theismen (Poly-, Mono-, Pantheismus). Zwar werden das Judentum, der Islam und das Christentum häufig als die abrahamitischen monotheistischen Religionen bezeichnet, aber der Vorwurf des Islam, dass die Christen keine wahren Monotheisten seien, ist im Grunde berechtigt. Freilich nicht deshalb, weil Jahwe-El/Allah auf niemanden angewiesen ist, nicht zeugt und keinen Sohn (vgl. Sure 17,111;35,15) hat und der "Alleinige" ist, dem "keiner gleicht" (Sure 112,2.4), sondern weil jeder Monotheismus Gott zu einem seienden Wesen erklärt und ihn daher zu einer Wesenheit reduziert.

Die symbolischtrinitarische Redeweise überwindet jeden Theismus; dieser verbaut nämlich das Verständnis für Gott als Persongemeinschaft und daher auch das Selbstverständnis des Menschen als Person, der in die solidarische Existenzweise gerufen ist.

So wie Christentum keine Religion ist, ist es kein Monotheismus. Sicher ist die Zuordnung des Christentums zum Polytheismus ein noch viel größerer Irrtum,Gott ist ein"zahlloses Ereignis".Aber auch der Pantheismusvorwurf greift nicht, denn die Welt wird nicht mit der Anwesenheit der göttlichen Wirklichkeit identifiziert.

Christentum ist auch kein Atheismus, insofern dieser den Wert von Solidarität vereint und keinen letzten Sinn im Tun der Liebe sieht.

Der christliche Glaube ist aber ein Monotheismus, insofern Gott nicht in eine Vielzahl von Wesen aufgeteilt wird.

Er ist ein Polytheismus, insofern die Beziehungsgemeinschaft als letzte Wirklichkeit erkannt wird und die Einheit Gottes vielfältig für den dreidimensionalen Menschen erfahren werden kann.

Er ist ein Pantheismus, insofern Christen in Gottes An-wesenheit leben, sich in ihm bewegen und sind und in allen Dingen Gott erfahren können.

Er ist ein Atheismus, insofern Gott kein "objektives Wesen" mehr ist, sondern eben mehr, Personengemeinschaft,in der Liebe, als letztes Wort, Sinn stiften kann.

Der christliche Glaube entmythologisiert daher radikal den Gottesbegriff und damit Gott selbst.Er überschreitet alle theistischen Formen menschlicher Religiösität und damit diese selbst.

Gott wird vom relationalen Personsein her verstanden als Erfahrung, die den zweideutigen Menschen "überwältigt", auf das "Gute" hin ortet und ihm so eine neue Existenzmöglichkeit schenkt."(Seite 712/713)

8.4.3.2. "Relatio...est ipsa essentia divina" (Relation sonst nichts ist Gottes Wesen)
Gottes Personsein ist reine Beziehung, das entspricht einer "guten Trinitätslehre", und dies nicht in einsamer "Abgeschiedenheit", sondern als Persongemeinschaft.
Gott ist daher kein "Substanzbegriff", sondern ein Gemeinschaftsbegriff. Er ist keine Vielzahl von Gemeinschaften, sondern *eine* Gemeinschaft, und insofern kann man von einem Gott sprechen, als Beziehungsgemeinschaft, biblich ausgedrückt als Vater, Sohn und Geist. Diese Beziehung ist das göttliche Wesen.
Selbst das Widerspruchsprinzip gilt nur bedingt für das Beziehungsgeschehen. Nikolaus von Kues spricht nicht ohne Grund von der "coincidentia oppositorum", von der Einheit der Gegensätze.
In der Synode von Toledo (675 n.Chr.) wurde erklärt, dass von Gott überhaupt keine Zahl ausgesagt werden kann.
Die Solidarität die mit Gott gemeint ist, ist An-wesenheit. Gott als An-wesenheit im dreidimensionalen Lebensraum des Menschen ist keine in sich geschlossene Persongemeinschaft (die "immanente" Trinität" ist die "heilsökonomische"), sondern offene Anwesenheit für menschliche Personen. Gott ist daher der Sinn zwischenmenschlicher Solidarität, der Sinn personaler Beziehung.
Die Gotteserfahrung meint die Möglichkeit des Menschen, in den Beziehungen menschlicher Personen, die Beziehung als Absolutes, d.h. als Liebe zu erfahren. Gott und Mensch sind nicht zwei sich "Gegenüberstehende", sondern der Mensch lebt, bewegt und ist in Gott, wenn er bedingungslos liebt. (Seite 710 - 712)
Kritischer Einwand
Im Beitrag[1]"Jenseits der Theismen" wird der Versuch unternommen sich von aller herkömmlichen Auffassung der Kirche über die Aussagen von Gott abzusetzen. Damit steht diese Meinung gegen jedes christliche Verständnis.
Zugleich wird Gott als ein "Gegenüber" dem Menschen und der Schöpfung verneint und damit das "religiöse Phänomen" gänzlich entwertet. Keine Hoffnung und keine Zukunft wird dem Gläubigen verheißen, vielmehr Diesseitsbewältigung als oberstes Prinzip des Menschen gedacht.
[2]Dieses monistische Denken findet seinen Niederschlag im Begriff der "Relation". Daraus wird das Göttliche wie auch die menschliche Bestimmung und Sinnerfahrung in der Liebe abgeleitet.

8.4.4. "Die reinmoralische Religion" von Immanuel Kant (1796)
Jeder Monismus verfehlt die Vielfalt der "Kategorien"und "Schichtungen" des Seins und wenn er noch so stringent gedacht und durchgeführt wird, was zumal in der reinmoralischen Religion von I.Kant offensichtlich wird.

8.5. Hinführung zum mystischen Denken

Das Mystische wird wohl durch einen personalen Geist gegeben und geschenkt. Wie das zustande kommt soll in den folgenden Ausführungen beschrieben werden. Deshalb wird zuerst erklärt, was personaler Geist ist. Dann können seine Bedingungen und Wirkungen dargelegt werden.

8.5.1. Voraussetzung des empirisch-personalen Geistes

Mit anderen Worten: Was ist empirisch-personaler Geist? Wie ist er zu verstehen? Welche Grundlagen und Zusammenhänge zeichnen sein Phänomen aus? Wie verhält er sich zur realen Wirklichkeit?

Die einzelnen Bereiche des geistigen Seins mit seinen Verknüpfungen im objektiven und objektivierten Geist werden nicht hinterfragt, denn nur für das Mystische, wenn überhaupt, soll ein Zugang gefunden werden. Oder ist dieser Bereich des Mystischen dem empirisch-personalen Geist verwehrt oder wird dieser ihm sogar geschenkt? Und in welcher Weise geschieht dieses?

8.5.1.1. Begriffliche Bestimmung

Als ein Einordnungsversuch und nicht als eine fertige Definition,ist diese "Analyse" anzusehen; denn jede Definition legt die Untersuchung eines Phänomens von vorneherein fest. Zudem sollen nicht alle begrenzten Auffassungen über den personalen Geist dargelegt werden. Personaler Geist umfasst nicht nur Bewusstsein, denn vieles wird nicht bewusst erfasst, gedacht, gefolgert, so auch die Breite des Erlebens und das weite Feld beim Werten. Bewusstsein umspannt nicht das Träumen, das Vorstellen, das langzeit und kurzzeit Gedächtnis. Auch das Gegenstandsbewusstsein mit seiner Objektivierung im Subjekt - Objekt Verhältnis ist ja eine "Spiegelung"des Dinges an sich, der Welt, auch im Handeln, Erwarten, Befürchten und Erleiden, sich ängstigen, sich fürchten, lieben und hassen u.a. gehören ebenfalls zum personalgeistigen Sein.

8.5.2. Was ist Person?

8.5.2.1. Person an sich

Die Person ist nicht das Subjekt und nicht das ich. Sie ist auch nicht das Bewusstsein, geschweige denn das Selbstbewusstsein.

Sie setzt das erkennende Subjekt voraus, gleichfalls das geistige Bewusstsein mit seiner Objektivität und seiner charakteristischen Distanz zu den Dingen der umgebenden Welt; aber sie ist auch mehr: Das in die Zukunft schauende,vorsorgende,zwecksetzende, handelnde und im Tun sich frei entscheidende Wesen, das zugleich den Sinn für Wert und Unwert, das Wissen um Gut und Böse hat und selbst befähigt ist, gut oder böse zu sein.

8.5.2.2. Person für andere

Durch seine Aktivität ist sie ein weltoffenes Wesen, das von der umgebenden Welt Impulse empfängt und seinerseits handelt, in sie eingreift, sie umgestaltet und das Geschehen umkehrt. Sie zieht, indem sie die Dinge benötigt und verwendet,eine Sphäre des ihr Zugehörigen um sich, die als Personsphäre zugleich ihr Eigentum ihr unmittelbarer Macht- und Einflussbereich ist. Sie erhebt den Anspruch in ihrer Sphäre respektiert zu werden. Denn sie kann in ihr auch verletzt und abgelehnt werden.
Die Person fordert für sich die Anerkennung derer, die sie ihrerseits als Person anerkennt. Das innere Korrelat dieser Forderung ist ihr ethisches Selbstbewusstsein, ihr Auf-sich-Halten, Stolz, Würde und Scham.
Auf gegenseitige Anerkennung(bzw.Ablehnung)beruht die Menschengemeinschaft. Das bedeutet, dass ein peronales Wesen nicht nur den Drang, sondern auch die Fähigkeit hat, einen Zusammenschluss mit anderen gleichen Wesen zu vollziehen.

8.5.2.3. Ethos der Person

Es gehört zu dieser Fähigkeit dazu, sich selbst in Zucht zu nehmen, sich unter Forderungen und Gesetze zu stellen, die dem personalen Wesen nicht von Natur gegeben sind und nicht aus seinen Instinkten entspringen, die ihm dann aber zu Maßstäben des Wertbewusstseins werden. Aus dieser Fähigkeit erst entfalten sich die verschiedenen Stufen der Solidarität und der als solcher empfundenen Mitverantwortung für das Ergehen und Handeln anderer Personen. Solche Stufen sind die Gleichstellung unter dem Recht, das Vertrauensverhältnis und die allgemeine Nächstenliebe (Altruismus).

8.5.2.4. Kultur und Geschichtlichkeit der Person

Zur Person wird der Mensch nicht einfach aus sich selbst heraus, sondern stets auf Grund eines Kulturzusammenhanges, der als geschichtlicher Geist vorbesteht und sich im Wechsel der Generationen herausgebildet hat.Der Einzelne wächst in diesen Zusammenhang hinein, übernimmt ihn im Heranwachsen und übergibt ihn der nächsten Generation weiter; aber er tut es nicht passiv, sondern im Maße seines Könnens trägt er auch das Seinige zu ihm bei. Die Geistesgebilde, auf denen dieser Umsatz läuft, sind: die Sprache, das Recht, die Sitte, die Moral, das Wissen, der Lebensstil, die Kunst,die Religion, die Politik, dieTechnik u.a.
Die Einzelperson ist auf allen diesen Gebieten Träger einer lebendigen Tradition. Dass sie auf keinem Gebiete das Ganze umfasst, hindert sie daran nicht. Denn der Geist vererbt sich nicht - wie die psychischen und manche seelischen Eigenschaften und persönlichen Anlagen -, sondern bedarf der aktiven Weitergabe. Die Person tritt damit in den unmittelbaren Dienst der Geistesgeschichte ein.

8.5.2.5. Verantwortlichkeit der Person

Über all das hinaus fällt der Person noch eine größere Aufgabe zu. - Durch ihr Berufensein zur Lenkung des Geschichtsprozesses -. Gäbe es ein überpersonales Bewusstsein der Geschichte mit eigener Aktionsfähigkeit, so wäre der Mensch als Person von dieser Beanspruchung frei. Aber es gibt kein Bewusstsein oberhalb der Einzelperson. Der geschichtliche Gemeingeist hat keines. Nur der personale Geist ist der Einsicht, der Zwecksetzung und Lenkung mächtig. Gerade er aber reicht für die ungeheuere Aufgabe, die ihm hier zufällt, nicht aus. Seine Vorausschau und seine Zielsetzung sind an den privaten Bedarf des persönlichen Lebens und dessen enge Perspektive angepasst. Dennoch trägt er die Verantwortung für künftige Geschlechter, welche die Früchte seines Tuns ernten werden.

Aus diesem Dilemma kommt der Mensch nicht heraus.

8.5.3. Grundbestimmung der Person als sittliches Wesen

Vier Bestimmungen kennzeichnen den "empirisch-personalen" Geist als sittliches Wesen, in seiner Verantwortlichkeit, ohne auf diese genau einzugehen oder erklären zu wollen, denn nach dem Mystischen ist gefragt.

Diese sittlichen Bestimmungen sind:

a)Das Voraussehen der Person, die sich dennoch irren kann.

b)Das Vorherbestimmen und Zielsetzen im teleologischen Denken, dabei aber die Härte der Kausalität zu erfahren und die Schichtung und Kategorien zu berücksichtigen.

c)Werterkenntnis und Wertbewusstsein kennzeichnen Personen aus und dennnoch können sich diese den Werten gegenüber nicht stets gerecht verhalten und zugleich alle Werte realisieren.

d)Freiheit zeichnet eine Person aus, sich für das Gute entscheiden zu können oder dem Bösen den Vorrang zu geben und diesem zu erliegen.

Werden diese Eigenschaften der empirischen Person a)Vorsehung b)Vorbestimmung c)das Werten d)die Freiheit, absolut gesetzt,dann ergibt sich daraus ein "Wesen" in denen diese Eigenschaften in das "Göttliche" gehoben werden und dem Einen, Absoluten, mit anderen Worten, Gott als personaler Geist gleichkommen.

Es erhebt sich die Frage, kann der empirisch-personale Geist mit dem absolut-personalen Geist (Gott) in Verbindung treten oder nur durch eine in Gott befindliche Person, wie Vater, Sohn und Geist, die gleichen Wesens in Gott sind?

Dabei geht es nicht um das Erklären und Verstehen der "Trinität", als innergöttliches Geschehen, sondern um die Möglichkeit, wie uns dieses mystische Ereignis gegeben, besser gesagt, "geschenkt" werden kann.

8.6. Versuch einer Darlegung des Mystischen

8.6.1. Ausgerichtetsein auf Gott

In unbegreiflicher Weise richtet sich meditatives Gebet auf Gott hin. Keiner vermag zu sagen und zu beweisen,wie das zustande kommt oder wie das geschieht. Diese Hinwendung auf Gott ist aber als ein personaler Akt zu verstehen, wenn auch sein zureichender Grund unerklärbar bleibt, doch die Auswirkungen werden erkennbar, als von einer Person vollzogen und zwar von einer "göttlichen" Person her bewirkt.
Wenn das Geheimnísvolle geschieht, auf Gott sich einzulassen, kann es zwar als eine bloße Vorstellung bzw. Meinung, mithin als ein "begrenztes" Erkennen der empirischen Person sein und menschlichem Irrtum unterliegen kann. Die Vorstellung kann auch mythischer Art sein, wie es in der Ausführung über Mythos mit seinen verschiedenen Möglichkeiten dargestellt worden ist. In diesem Fall ist das geistige Sein nicht ein personalgeistiges Ereignis, sondern ein objektivgeistiges Sein, das kein eigenes Bewusstsein besitzt und von daher thematisch ausgegrenzt werden soll. (z.B.der Glaube der Kirche,Liturgie) Zwar vermag nur eine Person den objektiven Geist in sich aufnehmen, bewusst machen und weitergeben. Inwiefern die empirische Person daran teilnehmen kann setzt voraus:

8.6.1.1. Ehrfurcht und Zuversicht

Die "meditative" Gebetshinwendung zu Gott geschieht in tiefer Ehrfurcht und bewirkt erstaunlicherweise große Zuversicht ohne Angst und Furcht. Ähnlich, wie ein Verstehen von Du zu Du nur zustande kommt,wenn dieses von beiderseitiger Achtung getragen und geprägt wird. Es ist kein Erkennen im objektiven Sinn, sondern eine personalbezogene Einstellung und Tätigkeit. So ist auch das Verhältnis zwischen dem Meditierenden und der göttlichen Person zu verstehen.
Unbegreiflicherweise bewirkt dieses "persönliche Ereignis" eine große Zuversicht, denn die empirische Person wird in eine "neue" Dimension gehoben und existenziell umgewandelt und sogar bestätigt, sodass nicht Unzulänglichkeit und Unwissenheit, sondern angenommen und erhoben zu sein, zum Tragen kommen.

8.6.1.2. Angenommen - und Getragensein

Als Mensch, mit allen Schwächen und Grenzen, ganz angenommen zu werden bewirkt Befreiung von jeglicher Last, nicht wie in einem "traumhaften" Zustand eines"Trancegefühls", vielmehr als ein konzentriert- personalbezogenes Bewusstwerden. Ganzheitlich ist das Angenommensein was einzigartig, wie ein überwältigendes Geschenk wirkt.

8.6.1.3. Innere Ruhe und Geborgenheit
Die Folge dieser ganzheitlichen Bestätigung bewirkt innere Ruhe und Gelassenheit, sodass alle Hast und Unruhe weggenommen ist und eine unsagbare Geborgenheit sich ausbreitet, worin man verweilen möchte, wie in einem inneren Frieden.Doch auch dieses "Geschenk" geht einmal zu Ende,was aber keineswegs Enttäuschung darüber hervorruft oder gar Unzufriedenheit.

8.6.1.4. Gelassenheit und Ausgeglichenheit
Während und nach dem verinnerlichten Gebet ist die Person gelassen und ausgeglichen, sodass ihr Denken und Tun bewusst aktiv wird. Das verweile doch, es ist so schön, das nur die psychologische Komponente kennt, wird auf ein höhere geistige Ebene für Sittliches und Religiöses Handeln und Tun gehoben.

8.6.1.5. Dankbarkeit
Nach der "Meditation" breitet sich ein Gefühl der Dankbarkeit aus, das zum verantwortlichen Handeln und religiösem Tun veranlasst.

8.6.1.5.1. Verantwortliches Handeln
Nicht als ein zerstreuend wirkender Aktivismus ist dieses Handeln anzusehen, sondern als Herausforderung und Verwirklichung der vier Grundzüge der sittlichen Person in seinem Vorsehen, Bestimmen, Werten und freien Entscheiden zum Wohle aller, in der Nächsten- und Fernstenliebe und darüber hinaus für alles Leben und Dasein.

8.6.1.5.2. Religiöses Tun
An dieses verantwortungsbewusste Handeln ist das religiöse Denken (Meditieren) und Tun in der Gottesverehrung geknüpft,denn ohne diesen personalen Bezug werden alle anderen Handlungen letztlich infrage gestellt. Das soll hierbei nur festgestellt sein. Zudem gehört dieses Phänomen in das Objektivgeistige Verhalten jeweiliger Kultur und ist von daher gesehen nicht vom Personalgeistigen aus zu beantworten.

Wie auch alle Fachbereiche der Theologie: Dogmatik, Exegese, Moraltheologie, Pastoraltheologie, Fundamentaltheologie, Liturgie um nur einige zu erwähnen, gehören in den umfassenden Bereich des Mythos.

9. Ein Gott

Über Dinge (Ereignisse) kann man staunen, zu Gott aber beten.

Vorwort

Vielfach wurde das Thema"Trinität"bearbeitet, stets fußten die Darlegungen auf traditionellen Begriffen und entwickelten daraus ganze Systeme, die Karl-Heinz Ohlig in seinem Buch "Ein Gott in drei Personen?" (1999) darstellte.

Deshalb erhebt sich die Frage: "Entsprechen" diese Vorstellungen noch unserem derzeitigem Weltbild, in dem immer neue Ergebnisse zutage treten? Gewiss wird jeder "neue" Standpunkt zeitgeschichtlich bedingt bleiben und nachfolgenden Erkenntnissen weichen müssen, denn das "Absolute" wird der empirischpersonale Geist nie erfassen können, ohne sich selbst für absolut zu halten, oder absolut zu setzen, was aber nicht nur einer "Überschätzung" des menschlichen Denkens gleichkäme, um es nicht als anmaßend und vermessen zu bezeichnen.
Wie einfach, verständlich und menschlich hingegen ist die"Aussage" aus der heiligen Schrift: Ein Gott in drei Personen, Vater, Sohn und Hl Geist
Dennoch soll ein metaphysischer Versuch erfolgen, ohne die "gläubige Formel" nur zu wiederholen, aber auch nicht nur infrage zu stellen, sondern neu zu interpretieren.

Diese Bearbeitung setzt die Ausarbeitung von "Mythos und Mystik" (1999) voraus, worin die Auseinandersetzung mit dem"geistigen Sein" zum Tragen kam. Wenn sich auch darin das Thema: "Ein Gott in drei Personen" vom metaphysischen Gesichtspunkt aus nicht stellte und den meditativen Zugang suchte, soll hierbei das innere Geschehen Gottes durch die "drei göttlichen Personen" dargelegt werden.
Damit soll bekräftigt sein, dass ein Zugang zu den drei göttlichen Personen nur dann besteht, wenn dieser innergöttliche Vorgang erfassbar gemacht werden kann.

Das setzt eine Kategorialanalyse des Religiösen voraus. Dabei geht es um das"Personalgeistige" in der Meditation, bei der die"göttliche" Person mit der "empirisch"-menschlichen Person in Interaktion tritt. Darin kann sich aller Wahrscheinlichkeit nach, dem Vorgang (Ereignis) entsprechend, die jeweilige göttliche Person bestimmen lassen.

Die sogenannte Gottesvorstellung ist aus dem "Teleologischen Denken" bei Nicolai Hartmann (1944 Kapitel 1.1. bis 1.3.) sinngemäß entnommen und ist als eine kritische Einführung anzusehen.

9.1. Gottesvorstellung

9.1.1. Motive des Bewusstseins

Nicht der Bewusstseinsakt, das Psychologische (Seelische) soll hierbei zur Sprache kommen, sondern das Bewusstwerden,der Bewusstseinsinhalt, das Denken im Subjekt-Objekt-Verhältnis.

9.1.1.1. Alltagsvorstellung (Schicksalsidee und Vorsehungsglaube)

Die "Schicksalsidee" und der "Vorsehungsglaube" besteht nicht nur im kindlichen, mystischen und religiösen Denken, er bricht auch im philosophischen Denken immer wieder durch. Der erschütternde Schicksalsschlag oder besondere Glücksfall lässt ihn aus der Versenkung auferstehen, in die ihn das kritisch gewordene Denken verbannt hat. Noch der Gealterte, wenn er sein Leben entlang sieht, glaubt mit weisem Lächeln geheimnisvolle "Fügungen", wenn nicht gar einen überlegenen durchgeführten Plan, darin zu erkennen. Wie sehr er damit dem sich wichtig nehmenden "Selbstbewusstsein" schmeichelt, wie lächerlich er die vermeintliche Vorsehung mit der Sorge um die "kleinmenschlichen" Dinge belästigt, kommt ihm nicht in den Sinn. Noch viel weniger bedenkt er den "Widerspruch", in den er sich, als längst zur sittlichen Freiheit erwachtes Bewusstsein eben damit begibt:Wie er sich freiwillig wieder entrechtet und entmündigt und gerade das, was menschlich groß und heroisch in seinem Leben, aber auch was inkonsequent und unweise war, verleugnet.

Der Vorsehungsgedanke gerade ist es, mit dem die sittliche Freiheit in eine unheilbare Antinomie gerät, in die einzige grundsätzlich nicht lösbare "Gegensätzlichkeit" im Problemfeld der Freiheit. Aber es ist eine "künstliche" Antinomie, keine in Tatsachen und Phänomenen gegebene. Es ist also gar nicht nötig, sie zu lösen: Man kann das Gegenglied zur Freiheit - eben die Vorsehung - einfach streichen. Die Antithese dieser Antinomie ist Menschenwerk, ist wenn nicht vom philosophisch- spekulativen, so doch vom naiv-spekulativen Bewusstsein erfunden.

9.1.1.2. Unbewusste Vermenschlichung (Anthropo-zentrismus und -morphismus)

Der Mensch sieht ursprünglich alles, was ihm begegnet, von seiner kleinen Welt her und ordnet es in das Zweckgefüge des eigenen Lebens. Es ist nicht bloße Willkür der Subjektivität, sondern für ihn praktisch notwendig. Denn was den Menschen direkt angeht, was in seine enge Lebenssphäre hineinreicht und das er mitbestimmt, das kann man bis auf die Priorität des "Zuhandenseins" und "Vorhandenseins", wie Martin Heidegger diese, als gültig für die Gebrauchsgegenstände, nachgewiesen hat, feststellen.

Aber diese "Beziehung" auf die eigene Person und ihre Lebenssphäre hat die Neigung den praktischen Kompetenzbereich zu überschreiten und auf die Weltansicht zu übertragen.Dieses Bewusstsein gibt ihm eine "exzentrische"Stellung in der Welt und alles wird seinem "Zweckdenken" unterworfen, wenn er auch mit zunehmender Reife Distanz, Objektivität und Wissen um die Welt gewinnt.

Etwas Ähnliches gilt auch vom Anthropomorphismus, der eigentlichen Vermenschlichung der Dinge und der Welt. Mit dem Anthropozentrismus hat er das Gefangensein des Bewusstseins in der Sehweise des Menschen gemeinsam. Hierin wird den Dingen Wille, Gesinnung, Güte, Bosheit zugeschrieben - ganz wie der Zufall - und zwar einfach weil sie "wirken"und der Mensch die"Neigung"mitbringt, alles Wirken als ein"Tun" zu verstehen. Dabei darf nicht vergessen werden, dass die Sprache bestimmt, was im menschlichen Verhalten vorrangig ist, ganz offensichtlich wird das, wie die Sprache die Geschlechtsverteilung an den Dingen vornimmt.
Die philosophische Aufgabe ist es auch hier bis an die Wurzeln durchzustoßen und die Täuschungen eines transzententalen Scheins(Absolut,Ewig..) aufzuheben. Die äußerlich greifbaren Formen der Vermenschlichung wird im Götterglauben offensichtlich.

9.1.2. Motive des wissenschaftlichen Denkens

9.1.2.1. Übertragung auf höhere Kategorien (Illumination und Irradiation)
Ganz allgemein lässt sich feststellen: Die Welt ist keineswegs eindimensional gegeben noch zu verstehen.
Will man Lebloses (Dinge) erklären, so kann man es nicht von einer höheren Schicht und Kategorie des Lebens oder des Geistes vornehmen. Man muss zurückgreifen auf "niedere Schichten" und Seinsweisen des physikalischen, mechanischen oder chemischen Prozesses, mit seinen "eigenen Kategorien", andernfalls geht man fehl, die Dinge erklären zu wollen oder zu können.

Wer "höhere Schichten" und ihre Kategorien des Biologischen, des Psychologischen (Seelischen) darlegen will, darf diese nicht aus der Sicht des "geistigen"Seins ableiten.Das gilt auch für die Kategorien des"Geistigen" Diese können und dürfen nicht durch eine Kategorie des Göttlichen, falls es solche in Wirklichkeit gibt, oder geben kann, wie z.B. durch eine Illumination (Erleuchtung) oder Irradiation (Einstrahlung) verstanden werden.
Zugleich kann das Absolute, Ewige, Unendliche...nicht mit dem empirischen Verstand erkennbar sein noch erkannt werden.

9.1.2.2. Metaphysik des “Verstehens”
Dasselbe Jahrhundert, das die Naturwissenschaft zur Höhe geführt hat, ebenso die“Geschichts-, Sprach-, Kunst- und Literaturwissenschaft”,vernachlässigte aber die Erkenntnistheoretischen Probleme.
Im Gegensatz zum Naturgeschehen, das blind seinen Gesetzen und Ursachen folgt, ist das seelische und geschichtliche Geschehen auf einen “Sinn” hin orientiert, der sich in ihm erfüllt. Man muss also dem Begreifen und Erklären nach Ursachen,eine andere“Art des“Erfassens” entgegensetzen, wie es den Gegenständen höherer Seinsordnung gemäß ist. Wilhelm Dilthey nennt es das “Verstehen”.
Diese Art des Erfassens gilt folgerichtig als das höhere Erkennen, das überlegene, das von vornherein auf den “Kern” des Gegenstandes geht. Und tatsächlich lässt sich nachweisen,dass die “Geisteswissenschaften” in diesem Sinne verfahren, d.h.sinnerfassende, deutende, interpretierende Wissenschaften sind.
Doch lag in ihm die Gefahr, über dieses Gebiet hinauszuweisen und rückwärts auf den Naturgegenstand überzugreifen und zudem gibt es nach “vorne” gerichtet eine“teleologische”(zielgerichtete) Betrachtungsweise, besonders in der Geschichtswissenschaft, die sich auf die Eigenart des geschichtlichen Geschehens selbst gründet. (In Tendenzen, Ideen, Charakter u.a.)
Dabei wird nicht gefragt: Welche “kategoriale Form” hat “Geschichte” vor dem Einsetzen des Zielbewusstseins?

9.1.2.3. Unbegreiflichkeit des “Hervorbringens”
Diese besteht in der gnoseologischen Irrationalität des Kausalnexus. Wie auch in anderen Realkategorien, gibt es hier einen “unerkennbaren Rest”, den wir nicht ausschöpfen können. Wäre Kausalität ein bloßes Gesetz, wie man sie ja meist als ein solches auffasst, so könnte das widersinnig erscheinen. Aber sie geht in Gesetzlichkeit nicht auf. Hinter dem Gesetz steht die reale “Kausalreihe”, die vorwärts wie rückwärts ins Unendliche läuft und in der Verschlingung der Reihen den “Kausalprozess” bildet. Aber das ist noch nicht das “Letzte” und “Innerste” der Kausalität. An diesem “dynamischen Moment” des Hervorbringens hängt der unerkennbare Rest in der Kausalitätskategorie.
Immanuel Kant, der als erster eine“Kategorialanalyse der Kausalität” untersuchte, hat dieses unerkennbare Hervorbringen gefunden und als solches bezeichnet. Der Philosophie kann man es nicht verdenken, wenn sie nun gerade darauf aus ist, die Kategorien selbst auch zu “erkennen” und jede Grenze,vor die sie sich gestellt sieht,zu überwinden. Man könnte das “Angelegtsein” das Hervorbringen erklären - freilich nur dann, wenn es mit ihm seine Richtigkeit hat - unter der Preisgabe des “produktiven Charakters” - im Hervorbringen.

Denn dieser steht im"Entstehen eines Neuartigen", das vorher nicht vorhanden war. War aber das "Neuartige" in der Ursache schon angelegt und vorgezeichnet, so fällt es fort und es bleibt nur ein Vorhandengewesenes übrig. Damit ist der Prozess nur ein"Entwicklungsprozess",der das Eingewickelte auswickelt. Nimmt man ihm seinen unerkennbaren Kern des Hervorbringens, indem man in diesem ein Finalverhältnis nach Analogie menschlicher Absicht vermutet, dann verliert er seine unerschöpfliche Produktivität.

9.1.2.4. Gedanken des Weltganzen (Metaphysisches Einheitsbedürfnis)
Nicht aus den "Spezialproblemen der Metaphysik" allein resultiert der spekulative Zweckgedanke. Man möchte umgekehrt sagen, er hängt noch mehr an den Bemühungen um Einheit und Ganzheit der Welt. Diejenige Realkategorie, mit der wir einer neutralen Erfassung der Weltganzheit am nächsten kommen, ist die allgemeine Wechselwirkung. Sie besagt die gegenseitige Beeinflussung "gleichzeitig ablaufender Prozesse"in der Weise, dass die Kausalität der Aufeinanderfolge keine nur lineare ist, sondern in jedem Weltaugenblick ein Geflecht von Ursachen zeigt, die über die Breite des Weltgeschehens verstreut liegen und erst zusammen die eingentliche "Wirkursache" ausmachen. Die Wechselwirkung selber aber, in solcher Breite gesehen, wird leicht als "Finaleinheit" des Weltzusammenhanges verstanden und zwar deswegen, weil sie auf andere Weise überhaupt schwer als Einheit zu fassen ist.
Auf kausalem Wege erfassen wir im Leben nur vereinzelte Fäden des Zusammenhanges. Darum taucht die Tendenz auf, das Gesamte auf anderem Weg als Einheit zu begreifen, auf eine bestimmte Einheitsform oder auf bestimmte Richtung des Geschehens, zu verstehen.

9.1.2.5. Bedürfnis nach einer Garantie des Sinnes
Neben dem Bedürfnis nach Einheit tritt noch stärker das Bedürfnis nach Sinn. Sinn des Lebens, das ist vielleicht die lebensmächtigste Frage. Darum ist alle "spekulative Metaphysik" vom Sinnproblem beherrscht. Zusammen mit dem Bedürfnis nach Einheit und Ganzheit ergibt diese Tendenz das Postulat eines sinngebenden"Absoluten", das der Welt zugrundeläge, auf welches sie aber zugleich teleologisch (zielgerichtet) wäre. Vielleicht wären diese Motive dem spekulativen Denken nicht so überzeugend und fast axiomatisch (wertend) geworden, wenn es sich bloß um Sinngebung überhaupt handelte. Es kommt hier aber noch ein zweites Moment hinzu. Man kann es das Bedürfnis nach Garantie des Sinnes nennen. Was in die Freiheit des Menschen gestellt ist, dafür haben wir keine hinreichende Gewähr.

Mit der hohen Gabe der Freiheit ist es gerade umgekehrt bestellt: Sie ist immer Freiheit zum Guten und zum Bösen zugleich. Der "freie Wille" ist derjenige,der stets ebensosehr für wie gegen das Wertvolle entscheiden kann und darum alleine heißt er der "freie".
Dem "metaphysischen Denken" aber ist es im Hinblick auf das Ganze des Lebens und der Welt um eine "Gewissheit" zu tun, dass das "Sinnvolle" irgendwie zu seinem Recht komme. Diese Gewissheit kann das Handeln des Menschen nicht geben. Die Garantie des Sinnes muss er also,solange er an einer solchen festhält,notgedrungen über sich suchen.

9.1.2.6. Wertrealismus und Metaphysik der Werte
In veränderter Form kehren dieselben Motive im Wertrealismus wieder. Darunter ist nicht nur die relativ seltene Form der "Wertheorie" zu verstehen. In folgender Weise kann man sich das wertrealistische Denkschema vorstellen:Werte bilden nun einmal die als sinngebend empfundenen Mächte im Leben,denn nur"unter"ihnen als Maßstäbe,ist das Reale wertvoll und wertwidrig,sinnvoll und sinnwidrig.Darum fällt es dem Menschen schwer zu glauben, dass diese "Mächte"von sich aus im Leben machtlos sind, nur ideale Forderungen sein sollen. Und nun deutet man die sinngebende Macht in eine sinnerfüllende um, die Wert und Unwert bestimmen und realisieren. Werte müssen, so scheint es, wenn sie sinngebend sind,auch real determinierende Macht in der Welt haben,auf die sich ihre Sinngebung bezieht.

Angesichts des in unseren Tagen verbreiteten "Wertrelativismus" gestaltet sich der Gedanke um. Man meint: Entweder sind Werte nur Setzungen des Menschen, relativ auf menschliche Art und geschichtliche Situation, oder sie müssen als bewegende Mächte Realkraft haben. Dann aber müssen sie wie Weltzwecke funktionieren - im Leben des Einzelmenschen und besonders in der Geschichte - müssen die Geschehnisse final determiniert sein. Unerörtert bleibt dabei, ob es nicht noch eine dritte "Seinsweise der Werte" geben könnte, die weder auf dem "Dafürhalten" des Menschen" noch dem "bestimmenden Charakter von Realprinzipien" beruhte. Schließlich gewinnt der Wertrealismus eine "besondere Note"unter dem Gesichtspunkt der Moral.Das Ethos des Menschen steht unter Wertprinzipien und für diese sucht man nach einer Fundierung, die keine Möglichkeit des Ausweichens offen lässt. Denn damit steht und fällt die Gültigkeit des moralischen Urteils. Das Argument lautet: "Sittliche Forderung" (Sollen, Normen) können nur dann allgemeine Verbindlichkeit haben, wenn sie"Zweckprinzipien des Weltgeschehens"sind, nicht aber wenn ein jeder seine privaten Zwecke ihnen entgegensetzen kann.

d.h.:Nur in einer Welt, die schon ohne uns Menschen auf sittliche Werte hin determiniert ist,können wir sittliche Wesen sein. Wobei die metaphysische Vorstellung zugrunde zu liegen scheint, dass wir selbst uns nur dann von höheren Zwecken bestimmen lassen können, wenn diese schon ohne unser "Wissen und Wollen" die Geschehnisse, in denen wir handeln mittätig sind, durchwalten.

In bemerkenswertem Widerstreit steht ein anders Argument desTeleologismus, das sich gleichfalls auf ein ethisches Grundphänomen bezieht. Es betrifft das Problem der "Willensfreiheit". Jetzt meint man, umgekehrt wie zuvor, der Mensch kann nur "sittlich gut oder böse" sein, wenn ihm Schuld und Verdienst seiner Taten auch wirklich zufällt, wenn also nicht über seinen Kopf hinweg der Lauf der Geschehnisse schon durch Werte bestimmt ist, er sich frei für oder wider diese entscheiden kann.
Man geht davon aus, dass ohne durchgehende Determination die Weltordnung und Weltgesetzlichkeit, nicht bestehen könnte. Man muss also mit einem Determinismus in irgendeiner Form rechnen.

Wie aber kann "Freiheit mit Determinismus" zusammen bestehen? Zwei bekannte Determinismusformen gibt es in der "realen Welt", den Kausalzusammenhang und den Finalzusammenhang. Je nachdem welcher von beiden vorherrschend ist ergibt sich ein Kausaldeterminismus oder ein Finaldeterminismus. Nun scheint das Problem sich zu lösen: Bei durchgehendem "Kausalnexus" in der Welt ist keine Freiheit möglich. Ohne Freiheit aber gibt es kein moralisches Wesen. Nun aber gibt es "moralische Wesen", also kann es sich nicht um einen Kausaldeterminismus der Welt handeln. Dagegen ist bei durchgehendem Finalnexus Freiheit sehr wohl möglich, denn er wäre die "Unkehrung" des Kausalnexus vom Ende her bestimmt, wie auch der menschliche Wille. Welche Instanz für zuständig gehalten "würden" sind nach Fr. W. Josef Schelling die "göttliche Vorsehung" und nach G. W. Fr. Hegel die "absolute Weltvernunft".Dabei bleibt aber das eingentliche Freiheitsproblem unberücksichtigt und wird vom Finaldeterminismus verdrängt.

Damit ist auch keine Lösung des Problems gefunden,denn nur unter diesen Voraussetzungen lässt sich ein Erklärungsversuch"deuten", wonach aber letztlich gesucht worden war, ist weder auffindbar noch eindeutig beantwortet.

9.1.3. Motive des religiösen Denkens

9.1.3.1. Vorsehung und Metaphysik

Im Anfang des menschlichen Denkens stand der Zweck. Götter schufen die Welt, wie der Mensch Menschenwerke schafft. Sie planten, richteten ein,fügten und trennten nach ihrem"ewigen Ratschluss"und in den Grenzen ihres Könnens, wie der Mensch in den Grenzen des seinen.
Was die "Naturmächte" im Menschen bewirken, war auf den Menschen abgesehen. Der Regen, der seinen Acker grünen lässt, der Wind, der sein Schiff heimwärts führt,ist die Gunst des höheren Willens. Die Dürre, an der die Saat verdirbt,das Unwetter,das ihn verschlägt, ist die Ungunst unerforschlicher Absicht. Der Mensch sieht in den über ihm "waltenden Mächten" das ihm Verwandte, ihm Ähnliche, "sein Ebenbild".
So gewinnt das Geschehen,in das er sich hineingerissen sieht,ihm einen Sinn, der auch bestehen bleibt, wo er ihn nicht fassen kann. Irgendwo müssen Absichten verborgen sein, die auch ihn betreffen. Gegen "diese" anzukämpfen ist sinnlos. Der Mensch begeht immer wieder den Fehler, es zu tun. Das ist schon Vorsehungsglaube. Nicht alles mythische und selbst nicht alles religiöse Denken ist von dieser Art.
Die Welt kann so gedacht sein, dass die Götter in ihr mit einem Chaos ringen, einer Vorwelt der Unordnung und der Planlosigkeit, die sie mit ihrem Walten nur teilweise überwinden. Auch dann aber bleibt der Mensch den überlegenen "Zwecken" ihres Waltens unterworfen und tut gut, sich mit ihnen ins Einvernehmen zu setzen.
Wo solche Weltanschauung in klare, bewusste Form eingeht und philosophisch zu werden beginnt, tendiert sie schon um der eigenen Einheit und Konsequenz willen zum Vorsehungsgedanken. Und erst auf dieser Stufe wird der Rest des Chaotischen aus der gegebenen Welt verdrängt und die Vorstellung einer zweckgeleiteten Gesamtordnung beherrscht das Ganze. Ob man sich die zwecksetzende Macht mehr personalistisch als "Weltvernunft" oder mehr unbestimmt als zielgeleitete Weltordnung denkt (vorstellt),ob man ihr Prinzip in oder außer der Welt sucht,es für fassbar und angebbar, oder für verborgen und geheimnisvolljenseitig hält.

9.1.3.2 Transzendentaler Schein (Substanz, Absolutes, Ewiges, Unendliches)

Die Teleologie des Denkens hebt alle Eigenbestimmung der gesamten realen Welt auf, sowohl die der Gebilde als auch die der ganzen Seinsschichten mit ihren Kategorien und lässt nur die Determination eines "Absoluten" übrig, einerlei ob diese als Weltwille oder als sonst was gedacht ist, einerlei, ob es"innerweltlich"oder"außerweltlich"vorgestellt wird. Dieses Absolute macht die Determination für alles verantwortlich.

Auch das Geringste in der Welt muss dann als von ihm gewollt, gesetzt oder bestimmt gelten.In voller Konsequenz ist dieser Gedanke nie zuende gedacht worden. Denn er bedeutet u.a. die Vernichtung eines wollenden und verantwortlich handelnden Wesen.
Darum gerade ist es wichtig, die Motive des Scheins, soweit irgend sie sich fassen lassen, in möglichster Klarheit zu überblicken. In gewissem Sinne ist diese Aufgabe wichtiger als alles Widerlegen. Denn die"Motive" sind es, die fortbestehen, weil sie nicht außer uns, sondern in unserem eigenen Denken liegen. Sie selbst sind durchaus nicht Schein, sondern sehr drastische, reale Mächte in unserem Bewusstsein. Sie sind Seinsgründe des Scheines.
Das lässt sichtbar werden, dass es um eine Kritik der teleologischen Urteilskraft handelt, radikaler und allgemeiner wie die Kantianische. Denn diese blieb auf zwei Gebiete, das Biologische und das Metaphysische, beschränkt. Sie ging auch nicht bis auf die "Motive des Teleologismus" zurück, sondern setzte bei der "wissenschaftlichen" Problematik ein.

9.2. Metaphysik religiöser Erkenntnis

9.2.1. Allgemeine Theorie (Hypothese) des religiösen Erkennens

Sind Vorstellunge (Denkgebilde) nicht auf oder an die Dinge (Ereignisse) gebunden (gekoppelt), dann haben solche "Aussagen" keinen Erkenntnisgehalt und sind damit nichtssagend.

Stimmt das Denken mit den Ereignissen überein, d.h. sind diese einander "deckungsgleich", dann folgt daraus, dass jede Vorstellung (Denken) wirklich ist, was aber nicht zutrifft, denn Denken ist nicht gleich Sein und vieles lässt sich denken und vorstellen, was nicht in Erfüllung geht.
Das Übereinstimmen von Ereignissen mit dem Denken ist das Erkennen. Aber dieses"menschliche"Erkennen ist nicht ohne Irrtum und ohne Grenzen, auch nicht ohne größere Einsicht und nicht ohne einen Erkenntnisfortschritt.

Wie das Erkennen zustande kommt soll hierbei nicht im "Allgemeinen" hinterfragt werden, sondern nur hinsichtlich des Religiösen zur Sprache kommen.

Beim Erkennen des"religiösen Seins" handelt es sich nicht nur um einen Subjekt-Objekt-Bewusstseinsakt,vielmehr um einen "personalen" Bezug, d.h. für diesen Fall, um eine "personalgöttliche - personalmenschliche" Beziehung (Interaktion).

Das aber lässt alle traditionellen Gottesbeweise außer acht, die nur vom Subjekt - Objekt - Verhältnis sich ableiten lassen,wie es von Gegenständen und Ereignissen her geschieht. Daraus lässt sich schließen: Einen "Gott der Philosophen" gibt es nicht, denn Gott kann nicht zum Objekt der Erkenntnis werden, wenn das auch vom Denken und der Vorstellung her geschehen ist und gedacht wurde, was aber nur ein verzerrtes Bild über Gott entwirft, bei noch so stringenter Konstruktion und exakter Systematik. Es bleibt eben nur eine "menschliche Vorstellung". Ein "Bild", das der Mensch sich selbst von Gott macht.

9.2.2. Spezielle Theorie (Hypothese) (Kategorialanalyse des Religiösen)

9.2.2.1. Begriffliche Hinführung

"Richtiges" Denken ist die Funktion der Logik, aber nicht die "Wahrheit" des Erkennens.Die Sollensforderung ist die Funktion des Sittlichen(Ethik), existenzieller, persönlicher Glaube aber die Funktion des Religiösen.

9.2.2.2. Wie kommt es zum "wahren" persönlichen Glauben?

Drei verschiedene, reale"Personalgegebenheiten"lassen sich zwischen Gott und Mensch ableiten,die zur Feststellung"Ein Gott in drei Personen" führen, durch die Anwendung der allgemeinen Theorie (Hypothese) des religiösen Erkennens im Ereignis der realen Meditation.

Anders gesagt: Nur durch die Interaktion zwischen dem absolutpersonalen Geist (Gott) und dem empirischpersonalen Geist (Mensch) kann "wahrer" Glaube zustande kommen, der sich in der Mystik ereignet.

Die Voraussetzungen zu diesem"Geschehen"(Ereignis) sollen nicht wiederholt und aufgezählt werden, denn diese sind bereits im "Versuch einer Darlegung des Mystischen" erfolgt, durch das personale "Ausgerichtetsein auf Gott hin", wobei Gott als der "Gebende" und der "Meditierende" als der "Beschenkte" erfahren wurde, ohne den zureichenden Grund zu verstehen oder hinterfragen zu wollen.

9.2.2.3. Unterscheidung der Interaktionen

Diese Interaktionen äußern sich in drei verschiedenen Vorgängen anders formuliert: in drei unterschiedlichen "Merkmalen", die von je einer göttlichen Person bewirkt werden und der empirischen Person "geschenkt" bzw.einsichtig gemacht werden. Weil diese drei unterschiedlichen Aktionen erfahren werden, müssen diese Ereignisse von einer entsprechenden Person her bewirkt worden sein.

Es fragt sich: Welcher Inhalt des Meditierens wird erkennbar durch diese drei personalen Beziehungen und welche Personen bewirken dieses "Erkennen" bei der Meditation? Wohlbermerkt es geht hierbei nicht um einen Denkvorgang (Vorstellung) einer "Idee", vielmehr um eine "Aktion" als Gegebenheit und Ereignis.

9.2.2.4. Grund der einzelnen Ereignisse
Diese Interaktionen stellen bestimmte Voraussetzung an die empirische Person, ohne die eine "wahre" Meditation nicht zustande kommen kann. Doch nicht nach den Voraussetzung wird hierbei gefragt, sondern nach dem Verursacher bzw. Grund der göttlichen Personen, welche diese Ereignisse bewirken.Mit anderen Worten: Wie sind diese göttlichen Personen beschaffen(zu verstehen),aus denen die drei verschiedenen personalen Vorgänge sich ableiten lassen? Nach dem Grund der Ereignisse wird mithin gefragt.

9.2.2.5. Inhaltliche Bestimmung
Um diese Ereignisse begrifflich zu bestimmen geht es bei dieser Untersuchung, dann erst sollen die einzelnen, verursachenden Personen, dargestellt werden.
Es wird also nicht nach dem Akt des Mystischen gefragt, ähnlich wie beim Bewusstseinsakt,der dem Bereich des Psychischen zuzuordnen ist und von daher gesehen kein personalgeistiges Phänomen ist und deshalb nicht infrage kommt.
Dann erst sollen die "aktauslösenden" Personen des Mystischen einzeln bestimmt werden.
Diese inhaltlichen Bestimmungen sind in dreifacher Weise erkennbar:

Erstens beim Meditieren über den "Ursprung" aller Dinge, der zwar nur "allgemein" (wesentlich) inhaltlich sich fassen lässt, obschon er individuell und personal, betend erkannt wird.

Zweitens alles religiös Erkennbare ist ein Sichöffnen, ein Zutagetreten, das personal verursacht und begrifflich mit "Offenbarung" zu bezeichnen ist, die durch den Offenbarer als Person bewirkt wird und meditativ (betend) verehrt (angebetet) wird.

Drittens alle empirisch bedingten Begrenzungen (im Erkennen und Handeln) der Person werden in eine Art Vollendung gehoben, sodass die meditierende Person das vollkommen Angenommensein erfährt und von Dankbarkeit erfüllt diese "herausgehobene Erfahrung" betend erwidert an den(als göttliche Person erfahren, denn wie könnte es sonst geschehen, oder sein?), der solch "Unermessliches"(Heiligendes, Vollendendes) bewirkt hat.

9.3. Ein Gott in drei Personen

9.3.1. Vorläufige Begriffsbildung (Definition)

Die vorläufige Begriffsbildung ist nicht als eine"fertige Definition" anzusehen, denn jede Definition legt die Untersuchung eines Phänomens von vornherein fest.
Bei der Untersuchung des meditativen Vorgangs zeigen sich drei verschiedene Bestimmungen (Ereignisse),die von je einer Person gewirkt sind.

9.3.2. Personaler Zugang zu Gott in drei Personen

1)Die erst meditativ erkannte Feststellung umfasst den Bereich des Urgrundes.
Die Frage nach dem Urgrund alles Seins stellt sich jeder empirisch-personaler Geist(jede Person).Nur dann, wenn die meditativ-religiöse, ehrfürchtige Einstellung zu diesem Phänomen (im Ereignis) sich vollzieht, kann eine Antwort über den Urgrund alles Seins gegeben werden, bewirkt durch eine "Person", die selbst der Urgrund ist. (Denn das Erkennen, wie auch das Bewirken der Erkenntnis setzt stets personales Bewusstsein und Denken voraus).
2)Da Menschen (Personen) offene, suchende, denkende Wesen sind, kann nur der Einklang mit Offenbarwerden(Offenbarung begrifflich gefasst) in Erfüllung gehen, wenn letztlich und ursächlich ein personaler Offenbarer (als göttliche Person)dieses absolut notwendig bewirkt und an die religiös-meditierende, empirische Person als Offenbarung vermittelt (weitergibt).
3)Die letzliche Hoffnung auf Vollendung, Erfüllung und Sinn der empirischen Person bedarf jemand, der alleine diese Sehnsucht erfüllen kann, aber nicht nur als"denkender" Mensch (denn dann sind es lediglich Vorstellungen und Denkgebilde aber keine Realität des Ereignisses), vielmehr als meditativ Erfahrender eines verursachenden Ereignisses, das letztlich als Vollendung verheißen wird und nur vom personalen "Vollender", als göttliche Person, bewirkt sein kann.

9.3.3. Anwendung der Begriffe auf die drei göttlichen Personen: Urgrund, Offenbarer, Vollender

Aus der zuvor gewonnenen Begriffsbestimmung (Logik) und Erfahrung im Ereignis (Erkenntnis), leiten sich mit absoluter Notwendigkeit die drei göttlichen Personen ab, die jeweils als Urgrund, Offenbarer und Vollender genannt werden können.

9.3.3.1. Problematik der Begriffsbildung von Vater, Sohn und Geist

Die unbewusste Vermenschlichung der drei göttlichen Personen setzen einen sogenannten Anthropozentrismus und Anthropomorphismus voraus, was in vollem Widerspruch zum "Göttlichen" steht.
Außerdem geht dieser Begriffsfestlegung ein kulturbedingter Patriarchalismus voraus oder wird von völkischen Vorstellungen und Bedingungen abgeleitet.
In der erfahrenen Meditation als Ereignis hingegen ist das"Göttlichpersonale" und das"Menschlichpersonale" gewährleistet. Zudem kommen den göttlichen Personen absolute Eigenschaften zu und der empirischen Person nur begrenzte Bestimmungen.
Hingewiesen werden soll, dass durch das meditierende personale Ereignis nicht ein Subjekt - Objekt - Verhältnis besteht (Erkenntnis), sondern ein personales Ereignis in der Meditation, was ein reales geistiges Sein des Mystischen bedingt.

9.3.3.1.1. Geschichtlicher Rückblick

Auf den Beitrag von"Ein Gott in drei Personen"von Karl-Heinz Ohlig 1999 wird hingewiesen zumal auf die "religionsgeschichtliche Entwicklung"des "Monotheismus" und die "kulturgeschichtlichen Bedingungen" der Trinitätslehre.

9.3.3.1.2. Biblische Festlegung

Durch die Übernahme der Taufformel des Evangeliums verband man diese Vorstellung mit dem immanenten göttlichen Wesen. Dieses wurde in Verbindung mit dem Begiff der Person als Vater, Sohn und Geist bezeichnet und mit der Trinitätsformel: Ein Gott in drei Personen abgeschlossen. Andere Begriffe beispielsweise: Der 1Geist das 2Wasser und das 3Blut, 1.Joh 57 kamen nicht zur "Entfaltung", und wurden auf 1Heiligen Geist, das 2Wasser der Taufe, das 3Blut Christi gedeutet.

Schlusswort

Bei noch so berechtigten Einwänden gegen jede Gottesvorstellung, wie Motive des Bewusstseins (Psychologie), des wissenschaftlichen Denkens (Logik),des religiösen Denkens(Metaphysik);selbst bei einer noch so stringent durchgeführten Kategorialanalyse des religiösen Seins bei dem Ereignis der Meditation und der darin abgeleiteten Begriffe: Urgrund (Begründer), Offenbarung (Offenbarer), Vollendung (Vollender) und der "Problematik" der Begriffe: Vater,Sohn und Geist,ist die Trinitätsformel: Ein Gott in drei Personen: Vater, Sohn (Gottes Sohn), Heiliger Geist (Liebe als Band zwischen Vater und Sohn und seine Umkehrung)menschlich nahe,verständlich und leicht zugänglich, denn das Mysterium hat sein eigenes Gewicht im "Unbegreiflichen".